MIT キャンパスの中央部に位置する「ドーム 10」　photo：ts

M I T

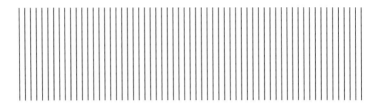

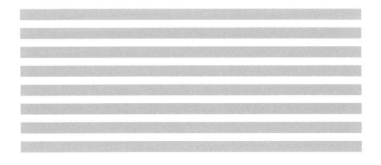

MIT学長からのメッセージ

MITを目指す学生の皆様へ

本書は、MITと関係のある人々の目を通して、皆さんをMITの世界への探究にお誘いするものです。まさに発見の旅が始まろうとしています。賢明な探検家がそうであるように、この旅が皆さんをどこに連れていくのか、予想図を描いてみたいことでしょう。

それでは、念頭に置くべき3つの領域についてご紹介しましょう。

第1の領域は、学問です。

ＭＩＴの学部生は、サイエンス、エンジニアリング、さらには人文や社会科学に及ぶ分野における46のメジャー（主専攻科目）と49のマイナー（副専攻科目）から、大学院生は24の学部と20の学際プログラムから選ぶことができます。どれを選んだとしても、皆さんはワールドクラスの教授陣から教わり、皆さんと同じく才能豊かな学生たちと一緒に学ぶことになるでしょう。

ＭＩＴでは、伝統的な教室の枠を越えて機会が開かれています。ＵＲＯＰ（Undergraduate Research Opportunities Program）と呼ばれるプログラムは最先端の研究に触れる機会に、またＵＰＯＰ（Undergraduate Practice Opportunities Program）という別のプログラムは、実世界の企業で専門職を経験する機会になります。パブリック・サービス・センターは、世界中でコミュニティを支援する実践的な機会を提供します。広範なアントレプレナーシップ・プログラムでは、アイデアがどのようにビジネスになるかを学べるほか、自分のアイデアを実現させるうえで役立つかもしれません。

第2の領域は、教室の外にあります。

ＭＩＴの学生は驚くほど幅広い活動に参加しています。33のスポーツで他大学と競い合い、ハイキング、ダンス、歌、ヨット、コメディ、演劇、ゲーム、作詞・作曲、ディベートなど、たくさんの活動を行っています。また、４５０以上の学生組織から選ぶことができます。

こうした課外活動は創造力の重要な構成要素となります。さまざまな観点から問題を眺めれば、新しいインサイトが得られます。外部に興味を持つことは新しい観点の獲得に役立つのです。ウォルフガング・ケターレ教授はノーベル物理学賞を受賞しましたが、マラソンもしています。皆さんも創造的なインサイトにつながる活動をぜひ見つけてください。


第3の領域は、仲間です。

皆さんは素晴らしい才能の持ち主から教わったり、共に学んだりすることでしょう。教職員やスタッフは皆さんの学習を助けるために尽力します。同級生たちは驚くべきことをやり続けるでしょう。そういう人々と知り合い、親交を楽しみ、生涯続く友情を育んでください。そして卒業すれば、同じ旅を経験した13万人の卒業生たちの国際的なコミュニティに加わることになるでしょう。

本書で紹介されているものがたりが、ＭＩＴへの進学を検討するに当たって刺激となり、興味を持っていただけることを願っています。ＭＩＴは、世界をよりよくするために最も困難な挑戦に立ち向かうというミッション（使命）を真剣に考えている特別な場所なのです。

２０１４年９月

マサチューセッツ工科大学
学長　Ｌ・ラファエル・リーフ

マサチューセッツ工科大学
同窓会会長　ドナルド・Ｅ・ショブリーズ
（１９７５年卒業生）

MASSACHUSETTS INSTITUTE OF TECHNOLOGY

L. Rafael Reif, *President*

77 Massachusetts Avenue, Building 3-208
Cambridge, Massachusetts 02139-4307 U.S.A.
Phone 1-617-253-0148

September 2014

Dear Prospective MIT Student,

The book you are holding in your hands invites you to explore the world of MIT through the eyes of MIT people. You are about to start a journey of discovery. Like any prudent explorer, you should map out where your journey will take you. Let us present three domains for you to consider.

The first is academic. If you were an MIT undergraduate student, you would have the opportunity to choose from 46 majors and 49 minors, while MIT graduate students choose from 24 departments and 20 interdisciplinary programs that span science and engineering as well as the arts and social sciences. Whatever your choice, you would get to learn from world-class professors while studying with equally gifted classmates. Your opportunities at MIT would extend beyond traditional classes. The program we call UROP gives you the chance to work on frontline research. Another program called UPOP gives you a chance to have professional experiences in real world companies. The Public Service Center provides hands-on opportunities to help communities all over the world. A wide range of entrepreneurship programs teach you how an idea becomes a business and may even help you bring your ideas to life.

The second domain lies outside the classroom. MIT students participate in an incredible range of activities. They compete against other universities in 33 sports and also hike in the mountains, dance, sing, go sailing, do comedy, act, play games, write poetry, compose music, debate, and do many other things. There are over 450 student organizations for you to choose from. These outside activities are an important component of creativity. You get new insights when you view problems from a different perspective, and outside interests help you find that new perspective. Professor Wolfgang Ketterle has a Nobel Prize in physics, and he also runs marathons. So find the activities that will give you those creative insights.

The third domain is people. You would be learning from, and learning with, incredibly gifted people. The faculty and staff are committed to helping you learn. Your fellow students will go on to do amazing things. Get to know them, enjoy their company, and make friendships that will last a lifetime. And when you graduate, you will join a worldwide community of 130,000 alumni who have made the same the journey.

We hope that the stories in this book will inspire and excite you about the possibility of attending MIT. It is a special place, which takes seriously its mission to take on the most difficult challenges to make the world better.

Sincerely,

L. Rafael Reif
President
Massachusetts Institute of Technology

Donald E. Shobrys '75
President
MIT Alumni Association

日本MIT会会長からのメッセージ

「目指せMIT」これからの日本のために

日本の若者が海外に出ないと言われるようになって久しい。かつて商社に勤め、海外に活躍の場を求める人々に囲まれていた私にとって、これは驚くような状況です。実際にアメリカの大学を見ると、東アジアから留学しているのは中国人や韓国人が大半であり、日本人は少数派です。特に日本のお家芸であるテクノロジーやサイエンスの分野で学部留学生の数が大きく減っていることを聞くと少なからぬ不安を感じます。日本全体が安定志向になり、便利で安全なこの国の心地よさに甘んじているのでしょうか。

しかし私自身の経験から言うと、今の日本はそれほど安定的な国でも、安心して生きていけるような国でもありません。実業界に目を移せば、日本企業はグローバルな競争の中で苦しい立場に追いやられています。さまざまな市場でシェアを奪われ、それによって国力が衰えつつあるのです。その中で、日本の若者はもっと危機感を持たなくてはなりません。これからの日本を作っていくのは、若者です。彼らは日本という枠にとらわれず、世界という枠で物事を考えていくことが求められています。日本を飛び出し、世界に通用する教育の場で自分を鍛錬し活躍できる技術者やビジネスマンになることが、日本の国力を回復させるうえでもきわめて重要です。

しかしながら、日本には優秀で立派な志を持った若者が大勢いるにもかかわらず、ある時点から普通の人になっていく傾向があるように思えてなりません。それは、能力や志のある人をさらに高いレベルに引き上げる教育を提供できる大学が非常に限られているからだと私は感じています。

一方、ＭＩＴはそのような教育を行っていることを本書は教えてくれます。ここに登場する人々は、自分の持っている能力や志を十二分に伸ばす環境を与えられ、触発され、素晴らしい可能性を開花させた人材に育っています。ＭＩＴで濃密な学生生活を過ごし、そこでの経験を土台にしながら卒業後もたくましく活躍されています。日本人でも場を与えられればこれほど頑張ることができ、グローバルに戦える人材になれるのです。本書の制作を通じてそれを目の当たりにし、私は鳥肌が立つほどの興奮を覚えました。

潜在力を最大限に引き出す学びの場――ＭＩＴ

過去の私自身のＭＩＴでの留学経験、また本書に登場いただいた教授や卒業生、在校生の方々の話を聞いて、私が感じるＭＩＴの素晴らしさは次のような点ではないかと思います。

第１に、上を目指す学生にとってあらゆる可能性を探求できる場が自由に与えられているということです。卒業生や在校生が口をそろえて言っていることは、ＭＩＴの最大の魅力は、自分の所属する学部の勉強にこだわることなく自由に自分のやりたいことに挑戦できる素晴らしさであり、高い志と実力があれば学部の1年生のときからでも大学院の研究室で研究の場に接する機会があり、自分の可能性が最大限に引き出される機会に恵まれているという点です。

もちろん、そのためには学生もたいへんな時間を学びのために充てなければいけません。しかし、それが自分のやりたいことであり、求めているものだからこそ、ＭＩＴの学生はそのチャレンジに伸び伸びとぶつかって行っているのです。そしてそこから大きな満足とクリエイティブな成果を得ているのです。

日本人として初めてＭＩＴメディアラボのトップになられた伊藤穰一氏が語っておられましたが、白い紙の上の黒い点のひとつひとつがそれぞれの学問の領域、たとえば物理や化学、経済などの領域であるとしたら、それらを深く突き詰めていくのが日本の教育である一方、その点と点の間の白い領域に新しいクリエイティブな学問の領域を探求していくところにＭＩＴの素晴らしい面白さがあると言えると思います。

第2番目に素晴らしい点は、ＭＩＴの学問が、実社会でのさまざまな問題を分析し、それらに効果的に対処するために、科学的かつ理論に基づいた手法を駆使しながら、それらを実践したうえで実業面の大きな結果を求めていることだと思います。これは、「書物を持った人間とハンマーを持った人間」が並んでいる学校のロゴにも象徴されています。また、本書でも度々取り上げられる「Mens et Manus（心と手）」つまり、理論と現実を結び付けるというＭＩＴのモットーにも表現されていることです。このように、学問を机上の議論に終わらせず、最終的には社会で役に立つものを生み出す根本として捉えているところに、ＭＩＴの他校にない素晴らしさがあるように思います。

ＭＩＴの卒業生が実業の世界で多く活躍しているという事実、また、多くのベンチャー企業のＣＥＯがＭＩＴ出身であるというのも頷ける気がします。Dropbox 社のＣＥＯや掃除機のルンバで有名な iRobot

社の創業者が、いずれもＭＩＴ出身なのは良く知られた話ですし、世界のテクノロジーの最先端で働いている科学者や技術者の多くがＭＩＴで学問を学んだということは、このＭＩＴの理念を象徴している事実だと思います。

第3番目に言えることとは、ＭＩＴ学長からのメッセージの中にもありますが、素晴らしい仲間に出会えることだと思います。国籍や自分の専門分野を超えて、さまざまな優れた人たちと出会い、同じ目的に向かって一緒に努力することによって、日本国内の大学では決して経験することのできない貴重な時間を持つことができます。そして、そこから多様性に富んだ価値観を理解することができるようになり、一生付き合っていくことができる日本人以外の友だちが生まれます。この多様性に富んだ価値観を理解し、違う文化を持つ友だちができることは、グローバルに活躍していかなければいけないこれからの若者にとって、きわめて重要な経験になります。

私もＭＩＴでさまざまな国から来た友だちと一緒にやったグループ

スタディが、今でも忘れられません。それは、大規模プロジェクトを評価するための基本的な手法を学ぶプロジェクト・ファイナンスの授業でのことでした。そのグループスタディでは、前職では世界銀行にいたアメリカ人、学校にいながら自ら事業経営に携わっているフィンランド人、切れ者のイタリア人という多彩なメンバーで、南米向け肥料工場のプロジェクトの経済評価を行いました。知恵を結集させ、ファイナンスの手法を駆使してまとめたレポートに対して良い評価がもらえたときは、皆で祝杯をあげました。

世界で活躍できる人材輩出の一助として

本書の企画は、日本ＭＩＴ会１００周年を記念して、これからの日本のために何か役立つことができないかと理事たちが話し合い、ＭＩＴの魅力を通して、若い人たちに刺激になるメッセージを伝えようということから始まりました。日本の現状に危機感を持ち、何とかしたいと思いつつも、留学は無理だと諦めている方や、海外で教育を受ける術がわからずにいる方、中高生、大学生、そのご両親の方々に読んでいただくことで、ＭＩＴを目指す若者や、その経験を基に国境を越えてグローバルに活躍する人材が増えるきっかけになればと考えたのです。

本書を通じて、ＭＩＴには絶対に日本では経験できない素晴らしい世界があること、それが日本の若者にも広く門戸が開かれていることを知っていただければ幸いです。

２０１４年10月

日本ＭＩＴ会　会長　安達 保

スローンスクール オブ マネジメント修了（１９８３年）

MIT　目次

MIT学長からのメッセージ
MITを目指す学生の皆さまへ…3
ラファエル・リーフ　MIT学長

日本MIT会会長からのメッセージ
「目指せMIT」これからの日本のために…8
安達 保　日本MIT会 会長

第1章　世界のイノベーションの中心　MIT

MITメディアラボ——現実や現場にとても近い場…22
伊藤 穰一　MITメディアラボ所長

Mens et Manus——知識と実践を橋渡しする大学…29
岡本 行夫　MIT国際問題研究センター シニアフェロー

MITの建築学科は、アメリカの大学で最古…37
神田 駿　MIT建築・都市計画学科教授

第2章 MITが、わたしの基礎をつくった

MITを目指したのは、すぐに研究がしたかったから…46
陸 翔 2006年卒業
【コラム】ハッカソン
MITで、自分の本当にやりたいことがわかった…57
北川 実萌 2014年卒業
MIT合格の決め手は、全米6位だったスポーツ…66
門利 暁 2013年卒業
【コラム】MITのキャンパスライフ（1年間）
広い視野で自由な研究活動を楽しめた…82
白崎 保宏 2013年卒業
【コラム】MITは、すべてが番号？
挑戦すれば、身につくものがある…93
山田 修輔 2005年卒業
【コラム】MITのキャンパスライフ（学生寮）

学部時代は宿題漬けの生活、理解力を伸ばす大学院時代・・・104
佐藤　翔　2012年卒業
【コラム】ただの尖った建物だけではない——MITヘンジ

象牙の塔ではなく、社会とつながった研究生活を求めて・・・114
遠藤　謙　2012年卒業
【コラム】Dラボ

歴史をつくるために・・・125
桑田　良昭　2007年卒業

第3章　現役生が語る、MITの魅力とは何か

UROPの人気ぶりに驚く・・・136
副島　智大　2013年入学　化学専攻
【コラム】UROP

夏休みは海外プロジェクトに積極的に参加・・・147
宮崎　光　2011年入学　生物工学専攻
【コラム】MITの授業の選び方

MITは、自分が何に興味を持っているかを気づかせてくれた・・・158
臼井 小春 2011年入学 建築専攻
【コラム】MITの学費と奨学金制度
MITは、文系学部だって強いんです・・・168
トレント絵里加 2011年入学 神経科学、音楽専攻
【コラム】MITらしいこだわり?
3つの分野が同時に学べるのが魅力だった・・・176
濱中 みなみ 2013年入学 応用数学専攻
【コラム】ハック文化
情熱を追い求めた先にMIT 自分の可能性を広げて楽しむために・・・188
前田 智大 2014年入学
【コラム】理系大学なのに女子は多い?

第4章 わが子のMIT留学を考える

自分の物差しで決めつけない・・・198
北川 智里さん（実萌さんのお母様）
【コラム】地域活性のための活動「SoHub」

娘のノートを見て、初めてわかったこともあった・・・208
宮崎　英樹さん（光さんのお父様）
頑張っている子どもたちに対して、親にできることなど限られている・・・217
前田　忠司さん、佐知さん（智大さんのご両親）

あとがき
フロンティアスピリットを学ぶ最高学府・・・222
加藤　幸輔　日本MIT会　理事

付録
MIT留学の思い出――「八十五年の回想」より抜粋・・・229
久保田　芳雄　元海軍少将
MIT機械工学科　修士修了（1924年）

謝辞
寄附者一覧

第1章

世界の
イノベーションの中心
MIT

MITメディアラボ
――現実や現場にとても近い場

伊藤 穰一
MITメディアラボ所長

私がMITメディアラボの所長に就任したのは、2011年4月のことです。メディアラボを創設したニコラス・ネグロポンテ教授に声をかけられたのです。最初にお話があったときには、メディアラボは自分とはあまり関係なさそうな、一番遠い所のように思えました。私は大学を卒業していませんし、ずっとビジネスやベンチャー関係の世界で活動してきました。もちろん、私の周りには父や妹をはじめとして学者が大勢いましたし、以前、慶應大学の村井純先生とお話をしたときにも、「最後は学者にならないといけない」と言われていました。それでも、大学という組織の中で自分に何かできるような感じはしなかったのです。

ところが、実際にMITを訪れ、MITの中でも特に変わっているメディアラボに行ってみると、案外、自分に合っていることに気づきました。それどころか、自分が今までのやってきたことの中で、一番向いているかもしれないと感じています。

ＭＩＴはアメリカの大学の中でも実務寄りです。ハーバード大学と比べるとわかりやすいと思いますが、ＭＩＴのモットー「Mens et Manus（心と手）」そのものに「手」でやることが組み込まれています。しかも、メディアラボはそういうハンズオンの大学の中の、さらに一番現実に近い研究所です。その意味で、現実と現場にとても近く、違和感なく入れたのかもしれません。さらに、メディアラボでは特に多様性を重視しているので、学会育ちの人とは異なる対応や取り組み方も見られるのです。

こうした環境に身を置くと、大学で物理学者を目指していた昔の自分が蘇ってきますし、ベンチャーでは追求しきれなかった、より深い長期的なものにも取り組めるところに新しさを感じます。私はこれまで、ＮＰＯ、スタートアップ企業、研究機関、そのほか研究を通じて世界中の人々とのネットワークを築いてきましたが、こうしたネットワークや知識、やりたいことが全部つながる職がここにあったのです。

ビジネスよりもインパクトを重視する

ベンチャーと勝手が違う側面として、みんなが経済面のことをあまり考えないことが挙げられます。もちろん資金調達に腐心してくれる教授もいますが、若くて研究を始めたばかりの教授にはむしろ投資すべきです。お金のことはあまり気にせず、新しいことの研究に集中してもらいたいと思っているため、所長である私の仕事の大きな部分を資金調達が占めています。

幸いにも、今の世の中には、お金が余っていて、何をしたらいいかわからない人が大勢います。自分のネットワークを活かしながら、そういう方たちとメディアラボのプロジェクトをマッチングさせることが中心的な活動となります。だから資金調達といっても、みんながほしくないものを一生懸命売らなくてはならない営業マンと違って、とても楽しいし、世の中で役立っていると感じられます。

メディアラボで大切なのは、ビジネスよりもインパクトです。インパクトは、ビジネスだけでなく、政府、政策、ＮＰＯ、ＮＧＯなど、いろいろな形で世の中に与えることができるのです。ビジネスは最終目的ではなく一つの手段にすぎません。また、たとえビジネスにつながらなかったとしても、世の中に役立つものはやらなくてはならないのです。

私たちは、その時代に必要とされているものに沿って進化していかなくてはなりません。おそらくかつてのＭＩＴは国の資金を使ってリサーチをしていました。その後、企業が出資するようになり、メディアラボはその先端にいました。最近では、フィランソロピーとして科学技術を開発する動き、ソーシャル・アントレプレナーの登場、バイオテクノロジー関連のプロジェクトの増加など、さまざまなシフトが見られます。その時代に合った資金調達、トピック、インパクトに沿った方向へとメディアラボを調整していくのが、今の自分の一番の課題です。

メディアラボで取り組んでいること

メディアラボに来て感じるのは、自分は庭師のようだということです。庭の草花や木が元気に自由に美しく育つように、要らない草木は刈り、肥しをつくり、水を撒くなどして良い土壌、つまり基盤をつくる。実際、私が就任当初に着手したのは、会計システムや稟議制度など、ベース部分の見直しでした。すぐに目には見えませんが、根を生えにくくさせる細かい事柄がたくさんあり、その修正に1年半くらいかかりました。それと並行しながら、収入面と新しいパートナーの開拓に取り組んできた結果、外から見えるところで言うと、収支面が随分改善されたはずです。

また、常に力を入れてきたのはビジョンです。2014年になって初めて、全体的に大きなプロジェクトのビジョンがラボから生まれてくるようになり、かなり立派な木が育ちつつあるという手応えを感じています。

たとえば、「Center for Extreme Bionics」というイニシアチブでは、いろいろな他の部門の先生も巻き込みながら、それぞれの専門知識を駆使して、脳神経と身体機能の間に統合的なコネクションをつくり、ディサビリティをなくすことを目指しています。

ほかにも、MIT本体との関係、知的財産権、ハーバード大学など他大学とのコネクション、これまでスポンサーのいなかった国でのプロジェクト立ち上げなど、いろいろなことに取り組んでいます。先月はケニアのナイロビ、中近東のドバイ、先々週はブラジルのレインフォレストで実験を行い、パートナーシップを立ち上げました。2ヵ月に1回は、どこかの国でワークショップを行い、地元の学生や先生たちをつなぎ、彼らにインターンシップでメディアラボに来てもらったり、学生になってもらったりしているところです。

さらに、ハードウエアのプロトタイプだけではなく、製造の研究も始めており、中国の深圳の工場とコラボレーションも試みています。メディアラボが先端を切ってプロトタイプのモデルを創り、ＭＩＴ全体も一緒になって取り組むという流れも生まれてきました。

もう一点、メディアラボやＭＩＴの興味深い部分は、自分の立場や視点をいろいろと変えられることです。実は、多少の波はありますが、１日の３分の１〜４分の１は私自身も大学で勉強する機会をもらっています。今週も６時間ほど、バイオの研究室で実験をしました。エレクトロニクスとコンピューテーションの間で、メディアラボにしかできない新しい研究が生まれていますが、それはバイオ関係のものが多いので、自分でもある程度は理解できたほうがいいと思ったのです。このような部分でも純粋に楽しいのです。

ＭＩＴを目指す方々へ

若い日本のベンチャーを見ていると、元気のいい、面白い変わり者たちが増えてきたことを感じます。全員でなくていいので、何十人かでもそういう人たちがいれば、日本は変わっていくでしょう。

大学では通常、理系や文系に分け、理系の中も工学や化学などに細かく分かれます。大きな白い紙に小さな黒い点がたくさんあるとすれば、大学で細かく分けて集中して取り組んでいる分野は黒い点に当たります。しかし、白い部分に目を向けるとわかるように、大学できちんと研究できていないけれども、世の中では非常に重要な分野はたくさんあるのです。そして、自分のやりたいことが1つの分野に収まらないと感じている人も結構いらっしゃるのではないでしょうか。

メディアラボでは、普通の組織（会社や大学）にはうまく当てはまらないことを、本当にやりたいという情熱を持っている人たちを歓迎します。ある程度はソフトを書くことや、エンジニアリングの知識が必要ですが、私を見ればわかるように、正式な、かしこまった資格は問いません。ただし、ルールや制限が少ない環境下で自ら行動できる人でなければ、居心地の悪い思いをするかもしれません。それでも、やってみたいという強い思いがあるなら、ぜひメディアラボを検討していただきたいと思います。

Mens et Manus
——知識と実践を橋渡しする大学

岡本行夫
MIT国際問題研究センター
シニアフェロー

ＭＩＴに在籍するようになったのは、国際問題研究センターのリチャード・サミュエルズ教授から誘われたのがきっかけです。世界はどんどん進展しているのに、日本にいると、自分の思考力や想像力が一定の型にはまってしまい、新しいブレークスルーがない。そう思っていたときに、新しい環境を与えてもらったので、今は毎月１週間くらいアメリカに滞在し、日米を往復する生活を送ることになりました。

ＭＩＴでは、政府機関やその他で経験を持った人間を一定年限、研究者として迎えるロバート・ウィルヘルム・フェローという制度を利用しています。ＭＩＴへのファシリティーへの自由なアクセスをもらって、図書館を利用したり、セミナーやクラスに参加することもあります。授業を受け持つ義務はなく、主に個別の学生指導をしています。個別指導では特に、中国人留学生から日本の歴史問題についてよく聞かれます。そして日米関係についての本をアメリカの若い人たち向けに執筆しています。

ただし、渡米中にボストンにいる時間は半分で、残りは要請されるまま、全米を回って講演やセミナーをしています。そのときにMITのCISのシニアフェローという肩書を使うことで、MITにとって宣伝効果がありますし、私としても研究室をもらって自由に考える時間ができます。ですから、MITとは持ちつ持たれつの関係だと思います。

私がMITに魅力を感じるのは、知識と実践が伴っているところです。私は元行政官ですから、抽象的な理念や観念論よりは、現実に根ざした実践を重要視する環境でやってきました。ハーバード大学の掲げる標語は「Veritas（真理）」であるのに対し、MITは「Mens et Manus（心と手）」。現実の世界と知識の間をつなごうというものです。

たとえば、ビジネススクールは本来、実践と研究の両方がついていなければいけません。しかし、世の中で喧伝されているビジネススクールは実践だけ。それでは、テクニックに終わってしまいます。真理追求だけでも、テクニックだけでもダメで、その両方を橋渡しするところがMITだと思います。

その証拠に、調査においても、MITは世界のランキングでナンバーワンです。これは、まさに両方をやっているからです。ちなみに、2位はケンブリッジ大学、3位はハーバード大学と続き、日本は残念ながら30位に東京大学が顔を出すだけです。

実践に関して、日本では企業がOJTをやるので、かえって学生に色がつかない方がいいという意向があり、企業が大学教育の中身を重視しない。私もいろいろな大学で講演したり、立命館大学では自分のゼミを持っていたりするので、若者たちと接する機会も多いですが、そこで感じるのが、素質はいいのに、力強さがないということです。もちろん一通りの知識はあるけれど、それはネットで見ればわかる話です。英語で「incisive」という言葉がありますが、その言葉のように、中にえぐり込むように入っていく意識が少ないのです。これは日本が競争的な社会に置かれていないからだと思います。

人口爆発がもたらす知識の急増

日本経済が世界に君臨していた1980年代~90年代前半までは、日本の生暖かい風土の中でよかったのですが、世界は激変しました。ひとつの要因は、人口の急速な増加です。

地球上に最初の10億人が出現したのは、1800年。有史以前から考えると、5000~6000年かけて、10億人になったのです。20億人になったのは1930年。つまり、数千年かけて達成された10億人が、その後130年で上積みされたのです。次の10億人が上積みされたのは1960年で30年後。その次は1975年の15年後、さらに1987年の12年後と、短期間で積み上がっていきました。まさにL字をひっくり返したカーブで、幾何級数的なんてものではありません。これが世界のスピードを速め、世界を構造的に変えているのです。

人口の伸びは、食糧やエネルギーへの負荷という負の側面はありますが、それだけ経済力と知識が急速に増えているということです。その最たるものがITでしょう。私の最初のコンピューターの記憶容量は800メガバイトでした。それが今や、小さな外付けハードディスクが2テラと、2600倍です。かつては1枚1メガ、厚さは2・5ミリのフロッピーディスクを使っていましたが、計算してみたのですが、2テラ分の枚数を積み上げると、東京タワーの1・5倍。それがポケットに入ってしまうのです。

このITという知識のツールと人口を掛け合わせたときに、世界の変革は想像を絶した速さで動いていきます。ところが、日本にいるとそれが感じられないのです。日本は居心地の良い素晴らしい社会であるが故に、そこで安住してしまうのでしょう。

ある調査によると、世界中で200年以上続いた企業数は、41ヵ国で5600社くらい。そのうち日本企業は約3100社で、60%も占めています。次がドイツで約800社です。

これが意味するのは、日本は超安定的な世界で、参入障壁も非常に高いということです。

ＭＩＴが世界ナンバーワンになる理由

話を戻しますが、ＭＩＴがなぜ世界ナンバーワンかを考えてみると、基本は開放性にあると思います。学生を捕まえて「どこから来たか」と聞くのは愚問であるくらい、世界中の才能が集まっています。それが、日本との決定的な差でしょう。

また、ＭＩＴは世界で初めてＯＣＷ（オープンコースウエア）を始めました。２０００くらいの講座をオンラインでどんどん公開していったのです。授業のシラバスから、試験問題、解答、参考文献に至るまですべてがオープンで、ＭＩＴの学生と同じ授業を世界中の若者が受けられます。卒業証書はもらえませんが、難しい試験に受からなくても、高い授業料を払わなくても、意欲さえあれば無料で高度な教育を受けられる。これはよほど自信がないとできないことです。

その根底にある考え方は「Share Alike」。つまり、我々は全部シェアし、我々から得た情報は、どこでどう使おうと構わない。いちいちＭＩＴのクレジットも要らない。その代わり、それを使って何かができたら、それをシェアしてください、というものです。

とてつもない人口爆発によって、情報や知識の量が少し前とは様変わりしている今、一人がコツコツと頑張っても、限られた機関や大学の中だけで研究しても限度があります。すべてをシェアし、シェアバックしてもらうことで、ブレークスルーが生まれるのです。このように、多様性の重要さを認識しているからこそ、ＭＩＴが世界のナンバーワンになるのでしょう。その後、ハーバード大学、スタンフォード大学、ＵＣバークレー校などの大学もこの動きに追随しました。

日本人の学部生が少なすぎる！

ＭＩＴは先生も学生もたくましく、象牙の塔にこもって閉塞的な社会で生きるのではなく、積極的に他流試合をしています。その中で気になるのは、日本からの留学生が少ないことです。ビジネススクールをはじめとする大学院のコースには、日本の企業から研修生が派遣されてくるので、それなりの数はいます。しかし、同様に重要なのは、個人の力で切り結んでいかなければならない学部生です。ここが決定的に弱い。

ボストンの日本総領事館が言っていましたが、ボストン周辺に40くらい大学がある中で、中国人留学生の半分の数が韓国人、韓国人の半分の数が日本人。それが黄金比率だそうです。

MITの留学生の数を見ると、中国から60～70人、韓国から30～40人、日本はわずか数人程度。日本人がきわめて少ないのです。

1990年代後半から2000年前半に、私はシリコンバレーに頻繁に行っていましたが、ここでも日本人の少なさが目立ちました。同地に長い間住んでいる友人が、日本からの学生を招致しようと、アルバイト先や奨学金制度などを紹介し、毎年何十人ずつ呼び、最終的に1万人にするという野心的な計画を立てていました。ところが、その試みは失敗に終わりました。夜はどこにも学生の姿は見えない（それは当たり前で、平日はみんな図書館にこもって勉強しているからです）。携帯電話で仲間を呼び集めることもできない。タクシーはない。飯はまずい。やってきた日本の若者はすぐに、つまらないと帰ってしまうのです。

その結果、シリコンバレーには、圧倒的な数のインド人、中国人、韓国人、イスラエル人、ベルギー人、東ヨーロッパ、オランダ人、イギリス人、というように世界中から人々が集まっているのに、日本人は圧倒的に少ないのです。もちろん企業派遣の駐在者はいますが、個人として、アメリカに行って、相手と切り結んで、頭角を現すという若い人たちがいかに少ないか。これは憂慮すべきことです。

素質を持っている若者たちが、どうして伸びないのか。小さくまとまってしまい、世界の競争に勝てないのか。それは、遮二無二働いて成功した父親世代のような成功体験がない一方で、日本社会がたいへん住み心地がよくなっているからだと思います。

２０１０年に「ニューズウィーク」誌が、「あなたの国に生まれたことを満足しているか」という大掛かりな調査を世界中の１００ヵ国以上で行いました。結果は、日本は世界の中で9位。トップはフィンランドでした。上位の国は人口が１０００万以下のところばかりで、人口の大きな国で見れば、日本はダントツのトップです。確かに、これだけ清潔で、安全で、便利で、飯がうまいところはありません。だから、若者たちは今の空気にそのまま充足してしまうのです。たくましさがなく、自分でブレークスルーを成し遂げようというところで負けているのです。

今の世界は舞台が広くなっているので、全知全能の人間はいるわけはなく、それぞれの分野で抜きん出た人たちが集まって前に進んでいきます。そういう世の中では、平均的に器用に対応できるだけでは、世界の競争から脱落してしまいます。

これは、日本の若者たちに勇気がないとか、ふがいないということではありません。ただ、そういう機会が与えられていないだけであって、機会が与えられたときの日本人の若者たちはすごいと思います。だから、どこの大学に行くのでもいいのですが、まずは、新しいグローバルな場で成長してほしい。

その中で私の知る限りでは、ＭＩＴは理想的な境遇や環境を与えるところだと思います。

ＭＩＴの建築学科は、アメリカの大学で最古

神田駿
ＭＩＴ建築・都市計画学科教授

私はＭＩＴに来てから35年目になります。大学院はハーバード大学でしたが、同じケンブリッジ市にあるＭＩＴはなかなか足の向かない、無関係な場所だと当時は思っていました。しかし１９７９年、ノース・キャロライナ州立大学で教えていた頃、学科長であったニコラス・ジョン・ハブラーケンにＭＩＴに来たらどうかと誘われたのです。彼は都市住宅設計の分野において革命的な思想を用いた第一人者でした。建築界でよく言われる「スケルトン・インフィル」など日本にも渡ってきた概念は、彼が考えたものです。

ＭＩＴの建築学科は１８６８年に設立され、アメリカで一番古い歴史があります。とはいえ規模は小さく、今でも建築設計の専属教員は10数人に満たず、学生も大学院生まで含めて

200人程度です。

MITの建築学科は常に異端視されてきました。これは1960年代から、ソーシャル・アーキテクツという社会貢献に関連した環境づくりを重視していたからです。また当時から、アメリカ、南米、ヨーロッパ、アジアなどさまざまな国籍の先生たちが教えていまして、皆、モダニズムのみの建築学に対して疑問を持っていました。

ある教授は、世界中の道を取り上げた〝On Streets〟というテーマで本に纏めました。都市のどこにでもある「道」は公共的空間です。しかし、建築家が個別の建物でいくら努力しても、道、すなわち箱物外のパブリックスペースを同時に考えなくては良い町づくりはあり得ません。そのような概念を基に建築、都市デザイン、社会的環境計画などを重視する建築教育方針を持つ教授陣が多かった時代です。私もその考え方に惹かれて、MITで教鞭をとることにしました。

建築学科はソフト重視?

個人的な意見ですが、MITの建築学科は、理工系学科というよりも、ソフト・エンジニアリングの学科だと思っています。ハイテクではありながら、中間のテクノロジーで、必ず人の手が入るのです。MITのスローガンは「Mind and Hands」のラテン語、「Mens et Manus」です。そういう人間性にあふれる根本的な発想に心惹かれます。

人々の役に立たない建物は自己満足にすぎません。建築家は彫刻家とは違い、モニュメントづくりのみを追求しているのではないのです。硬く収まった工学系のイメージで建築学科にやって来たアジア系の留学生たちは面食らうようです。工科大学とは名乗っても音楽があり、哲学があり、政治学、クリエイティブ・ライティングなど教養学は欠かせない部門として共存しています。

「MITで教えていてどうですか」と聞かれて第一に思うのは、MITというコミュニティが私の性に合っているということです。建築学科以外の先生方とも交流がよくあります。校舎があちこちに散らばっているキャンパスの大学もありますが、MITは1つの大廊下、「インフィニット・コリドォー」の軸線で結ばれ、歩いていると、いろいろな学科の人たちが通って行きます。そこには日常の社会があり、そのことは学生にとって大きな意味があります。MITでは、同じ学科の学生同士ではなく、違う分野の学生とも出会うチャンスは多いはずです。

いずれにせよ、この大学は人と人がフリーにつながる、触れ合う、リアルタイムに存在するコミュニティだと思います。

学部生はすごい！

私がMITにこれほど長くいた理由は、教える側、学生側としても非常に生き生きとしていて、考えることも広く、分野を越えてもいいし、制限が少なく、本当に柔軟性が高い教育環境だからだと思います。学部1年生はまだ専攻は決まっていません。プリセミナーというものがあり、興味を持ったら、何でも選択可能です。これらのクラスは成績もつかないし、軽食のピザが出るから行ってみようと、気軽に参加できるのです。あげく、自分の適性がわかり、辞めていく人もたまにはいます。しかし、成績で落とされるよりも、自分で合わないと思って辞める方が、自己判断の結果で良いはずです。

学部生を見ていてすごいと思うのは、成績が優秀なだけではなく、音楽にしろ、スポーツにしろ、いろいろな活動を同時平行にこなしていることです。やりすぎだと思うぐらいですが本当に感心します。部活動も積極的に参加し、涼しい顔で勉強にも励んでいます。明日は試験だと、とくに緊張している姿はあまり見かけません。これは、教える側もプレッシャーを与えすぎることに非常に警戒しているからかもしれません。もちろん、ストレスがないわけではありません。大学内で悩みを相談できるサポートシステムは非常に充実しています。

日本でのワークショップ

近年、私の授業はほとんどが大学院生向けですが、日本やイタリアでワークショップ形式の教育法を中心に実践しています。

以前から、日本の地方の市町村などの在り方に個人的な興味を持っていました。社会貢献を含む建築設計教育、まちづくり支援などをＭＩＴ諸君と行う想いがありました。高度成長期後の日本各地の市町村、とくにバブル時代が全面的に変えた各地の中心市街地の姿、さらに人口縮小問題と高齢化によるこれからの生活環境の設計などに感心がありました。町家がマンションビルに変わる京都の都心部をどう考えるか、滋賀県にある里山集落が消滅する中の住民たちの将来性を企画するなどのプロジェクトを実行し始めてから、MIT Japan Design Workshop は今年で24年目になります。

各プロジェクトごとに日本側の大学と組み、課題と場所を選び、現場で泊まり込みをして、現地の方々と作業を進めます。ある時は早稲田大学の地域計画の先生と、ある時は京都造形大学の学生たちと、あるいは慶應大学の研究室などとジョイントで実施しています。日本が初めてのＭＩＴ生徒は「これは何か」「この状況はなぜそうなっているのか」と質問の連続、いろいろなことに気づきます。それに対して、日本の学生は返事をしなくてはならないので、自分の足元にあることこそ考えさせられます。「Do you like Japan?」レベルの会話を越えた、実に深まった交流になるのです。MITの学生を日本に連れてきて、日本中のまちを訪れることができ、日本の教授や生徒たちを実践の場で知ることは、MIT側にとっても、私にとっても、一石三鳥です。

また、東日本大震災をきっかけに、ワークショップの場所を東北に移しました。2011年からの3年間は主に東京大学と一緒に復興支援活動の一角として「みんなの舞台」と呼ぶ仮設住宅敷地内に、被災者のために集いの場を築こうと実施し続けています。現場で作業をするMIT学生は「どこから来たの?」「なぜそんなに遠くから?」と地元被災者の皆さんからよく聞かれます。「Mens et Manus」、「心と手」の働きが活用されているのでしょう。

イタリア・プロジェクト

イタリアのヴェネツィアをベースとして「ヴェネト・エクスペリアンス」というプログラムを毎年、数回行っています。これまで10年間実施してきたので、のべ280人が参加したことになると思います。

この体験実習には、建築専攻ではない、またMIT外の学生も参加ができ、学部生から博士課程、時には社会人を含む年齢幅があります。中近東、南米、アメリカ、アジア、アフリカなど、多様なメンバーで構成されます。日本からの大学生も近頃は半数を占めています。

ヴェネツィアという「水の都」の独特な環境を実験室として、ガイドブックと地図なし、カメラは持たず、1人ずつ、最初の日々は朝から晩まで歩き回ること。ねらいは真っ直ぐな道がない、袋小路だらけのまち、しかしピアッザの明るい安心できる広場にたどり着き、光に輝く運河に沿って歩く午後のひととき、それらを自分なりの感覚でとらえながらこの微妙で独特なまちを味わうしかない課題を与えます。滞在期間中、その日ごとに項目が展開され、深まる体験をメンバー同士でヴェネツィアの雰囲気を共有しながら楽しみます。

一千年前から迷路的に集合されたこのまちは、行き先が閉ざされていると同時に開放感を感じる。不思議で慣れない環境だからこそ得られる、言うならば、三次元的なエクスペリメンタル・ラボとしては抜群だと思います。

「ヴェネト・エクスペリアンス」で大事なのは、通常の教室内の教育では限られてしまうことを、まちのあらゆる姿を意識的に観察し、CRITICAL OBSERVATION（批判的観測）術を覚え、集中的にその内容、現象などを見つめる機会を所有することです。観察をしながら、自分なりの好奇心と経験から、率直な想いなどを貴重に留める。そこで学生たちに単なる情報から思想、想像力、連想と伸びてもらうのがヴェネツィアに1週間も滞在すると可能になる。水に浮かぶ実験室ですから。

2週間ほど過ぎた段階で、理解できない何か、気づいたこと、考えついたことなどをグループで話し合うことも、また新たな自己発見につながります。ワークショップの最後には、発見の楽しみ、視野の広がりと自分の見方に自信を感じ始め、それぞれが何かをつかんで帰っていきます。私自身は、これは専門的な建築設計、あるいは都市デザインのみではなく、「クリエイティブ・シンキング」（創造思考学）を養うためのワークショップだと思っています。

参照：www.venetoexperience.com

自分の足で可能性を広げよう！

学部生にとってもっとも重要なのは、始めから自分はこうなる、就職先はここだと決めつけないことでしょう。早くからそれに従い一直線で向かうのではなく、自分の可能性に向き合うチャンスをつくることです。日常出会う仲間から、学内情報から、あるいは覗ける授業から、自由に自ら捜索することができるわけです。まずは興味がある方向へ身をはこび、教授陣と接し、研究所に顔を出す。ＭＩＴは壁にかこまれた所ではなく、思い切って心ゆくまで学べる、不透明でない、ダイナミックなコミュニティなのです。

第2章

MITが、
わたしの基礎をつくった

MITを目指したのは、すぐに研究がしたかったから

陸《りく》 翔《しゃん》
2006年 化学科卒業。
上海に生まれ、小中高を日本で過ごす。マッキンゼー・アンド・カンパニー、国連を経て、2012年 ハーバード大学ケネディスクールおよびスタンフォード大学ビジネススクールにて、ダブルで修士号を取得。現在、シリコンバレーにてクックパッドに勤務。

先進的な研究をするアメリカの大学へ

私は高校時代、理系科目が得意で、大学に行ったらその瞬間から研究がしたいと思っていました。進路相談のときに、化学部の顧問の先生にその希望を伝えると、「あなたはとても楽観的な性格だから、アメリカの大学は合っているかもしれない。2年上の先輩にMITに進学した人がいるから話を聞いてみるといい」と、先輩を紹介してくれました。当時はイン

ターナショナル・スクール以外の日本の高校からMITに進学する学生はめずらしかったのですが、そういう道を切り拓いていた先輩がいたのは幸いでした。私は研究者を目指していたので、アメリカの大学の方が先進的な研究をしていることを知っていました。

両親に自分の希望を告げると、日本の大学を受けると思っていたので、とても驚いたようです。でも、アメリカの大学を目指すからには、英語の勉強に力を入れるので良いことだと考えたのでしょう。アメリカの大学を受験することを許してくれました。こうして、アメリカの大学に行くという目標が身近なものとなったのです。

私の両親は中国人で、私も中国の上海で生まれました。その後、父が日本の大学院に進学したのをきっかけに、私は6歳から日本で生活するようになりました。日本語の上達とともに中国語は退化してしまい、中国語はそこまでうまくありません。日本語を覚えるときには、母が買って来てくれた教科書の文章を丸暗記しました。そのときと同じく、英語の勉強では、教科書やラジオの英会話に出てくる文章を丸暗記しました。このやり方は語学の勉強には有効だと思いますが、それでも最後まで、TOEFLで合格ラインと呼ばれる点数には届きませんでした。

そんな状況だったので、両親も受からないだろうと思っていたのでしょう。東京大学を受験するよう勧められました。日本の大学であれば、模試を受けるとある程度の合否判定が出ます。だから、努力すれば、それなりの精度で合格する可能性が高いのですが、アメリカの大学は書類審査なので、合否はまったく読めません。私自身、合格できるかどうかは半信半疑だったので、日本の大学も受験することは合理的な考えだと思いました。

結果的に、東京大学、MIT、コーネル大学に合格しました。日本では4月から新学期ですが、アメリカは9月から始まるので、半年間は東京大学に通うことにしました。

学生の突き抜け度合いがすごかった

その後、MITに行ってみると、制度そのものが違うことを実感しました。日本の場合は、先に自分の行きたい学部を決めて、入学したらその学部の授業を中心に勉強します。アメリカの大学では、専攻を決めるのは2年生の半ばくらいです。1年生のときはみんな同じような科目をとります。大学に入って、具体的な内容を見聞きしてから専攻を決められるのです。専攻を決めた後も、必要な単位さえ満たせば、専攻外の授業も受けることができ、幅広く勉強できるのも大きな違いです。

専門性を極めたい人は早くからそういう選択をすることも可能です。MITの同級生のうち、特に海外からの学生は非常に優秀な人ばかりです。70人中20人くらいは数学オリンピックや生物オリンピックなどのメダルを持っていました。そういう学生は学部レベルの数学はすでに終わっているので、プレイスメント・テストを受けて、初歩的な授業の内容を理解していることを示せば、専門的なクラスに直接入れるのです。シンガポールから来た同級生などは、学部の4年間で、経済学の博士課程の勉強まで終え、卒業時には博士号を取得していました。他にも、大学1年生から研究に打ち込み、3年生のときにはすでに専門の学術雑誌に論文を発表している人もいました。

学生全体の平均や一番下のレベルを比較すれば、おそらくMITよりも東京大学の学生の方が学力は高いでしょう。しかし、とび抜けている人の突き抜け度合いは圧倒的にMITが勝っています。こんなに優秀な人は見たことがないと思ったことが何度もあります。

MITで思う存分、研究がしたいという希望は、1年生のときからかなえられました。学部生に研究室でアルバイトをする機会を与えてくれるUROP（Undergraduate Research Opportunities Program）というプログラムを利用して、研究室の活動に参加したのです。

研究室の中で、最先端の研究者が毎日切磋琢磨している様子は刺激的でした。部門では毎週、ゲストを呼んで、最先端の研究動向や専門的なトピックについて話をしてもらうのですが、その幅の広さ、奥深さ、レベルにも圧倒されました。しかも、みんな話が上手いのです。

私はその後、研究者の道をあきらめて一般企業に就職しましたが、それでも3年間、そうい

う研究者たちの姿を見られたことは本当に良かったと思います。

就職先はコンサルティング会社

私は半年間早く大学を卒業して、半年間研究に専念しようと準備を進めていたのですが、研究の進め方をめぐって先生と意見が合わず、自信を失った時期がありました。周囲には、心から科学を愛してやまず、寝食を忘れて研究に没頭するオタク的な人々がたくさんいましたが、自分はそういう人にはなりきれないとも感じていました。

ＭＩＴでは生徒のサポートをするアドバイザー制度などが充実しているので、今後の進路についてアドバイザーに相談することにしました。すると、「2～3年、外で働いてから大学院に戻る人もたくさんいる」と言われたのです。それまで研究者以外の職業について考えたこともなかったのですが、新しい選択肢が示されたのです。そんな折に、マッキンゼーの東京オフィスからの派遣でＭＩＴのビジネススクールに留学していた友人とたまたま話をする機会があり、奨められてマッキンゼーの面接を受けてみることにしました。

マッキンゼーに入社後は、製造業や製薬会社などの理系寄りの会社のマーケティングや事業戦略を担当する機会に恵まれました。ビジネスはまったくの畑違いの分野かと思っていましたが、使っている思考の原点は同じでした。マッキンゼーでよく言われる問題解決力などのノウハウ本に書かれていることは、私にとっては、生物系の実験を組み立てるのと同じでした。まず現象を観察して、自分の中で問いを立て、その問いについてわかっていることを調べて仮説を立てる。その仮説に対して考えられる答えを出し、1つひとつ正しいか間違っているかを検証していくのです。

その意味では、ＭＩＴの授業や実験を通して、そういう思考訓練を受けたのだと思います。

理系の力で世界の諸問題を解決したい

仕事は充実していたものの、どこか満たされない思いも抱えていました。世界の諸問題に対して、日本の大企業が営利目的で行う事業範囲でしか関われない。全体の中の小さな範囲にすぎないと感じていたのです。

というのも、私は大学4年のときにMITのビジネススクールの日本人学生と一緒にSTeLA（Science and Technology Leadership Association）という学生団体を立ち上げていました。初年度はMITやハーバード大学など、ボストン地域の学生20人と日本の学生20人を集めて、日本で7日間のリーダーシップ研修を行いました。研修では、理系リーダーの卵たちの力で解決できる世界の諸問題について話し合いました。この活動は今でも続いていて、2年目はアメリカで開催し、3～4年目には中国の北京大学と精華大学を巻き込み、今はヨーロッパの大学も加わっています。これをきっかけに、理系の力で世界の諸問題を解決したいと考えるようになったのです。

そんなときに、マッキンゼーの同僚から、国連が短期コンサルタントを募集していることを聞きました。そこで3ヵ月間会社を休職して、そのポジションに就いてみました。そのときにわかったのは、問題は、技術でも、ビジネスでもなく（もちろん問題は多々あるが）、その周りの社会のシステムにあるということでした。経済や社会の成り立ちや構造を学び直そうと思い立ち、ハーバード大学ケネディ行政大学院に進学しました。それと同時に、スタンフォード大学のビジネススクールにも通いました。ボストンとパロアルトを行き来しながらだったので多忙を極めました。あんなにたいへんだと知っていたら、やらなかっただろうと思いますが、2年で両校の修士号をとることができました。

卒業後は、国際機関やNPOに行くよりも、営利事業をゼロから起こすなり、実際に既存の事業に参画して、事業を通じて途上国の問題に本気で取り組みたいと思っていました。ただ、途上国で事業を起こすのはハードルが高く、社会的なインパクトも事業利益を出している成功企業はきわめて少ないことも理解していました。

そんなときに、クックパッドの創業者の佐野陽光さんが、アメリカで食に関わる新規事業をやろうとしていることを知ったのです。佐野さんの事業家としての考えに共感することも多く、単身で何かをするよりも、一緒にやったほうが大きな問題解決ができそうだと思い、クックパッドに参加することにしました。

現在は、アメリカを拠点に食習慣にかかわる新規事業に取り組んでいます。ゆくゆくはアメリカを超えて、新興国、途上国にも事業展開ができれば、と思っています。

これからMITを目指す人へ

頭で深く考えるよりも、やってみることがいいと思います。私の場合、理系の先生に「楽観的な性格だから」と勧められたことが大きかったのですが、それはあながち間違っていないと思います。MITに行って、もちろん苦労することはたくさんありました。たとえば、言葉ひとつとっても、3ヵ月くらいは、授業はわかっても、友だちが何を言っているのかわからないという状態が続きました。事前にすべてをシミュレーションしていたら、MITにしろ、その次の選択にしろ、進めなかったかもしれません。私の場合、安全かどうかを考えるよりも、自分の中で本当に何がやりたいかを考えて、後からその諸問題の解決を試みるというやり方をとっていますが、それでよかったのだと思います。

18歳に戻ったとして、もう一度MITと東京大学に受かったなら、やはりMITに行く道を選ぶと思います。いろいろな大学に通ったけれど、今でもMITが一番好きな大学です。みんなが生き生きとしながら、好きなことをやっていて、一番純粋に生きていると思うからです。

column

ハッカソン

陸翔さんは、2014年にAT&T ディベロッパー・ハッカソンに参加し、見事に優勝されました。ハッカソンとは、「ハック」と「マラソン」を組み合わせた造語で、ソフトウエア開発分野のプログラマやグラフィックデザイナー、ユーザインタフェース設計者、プロジェクトマネジャーなどが、決められた時間内に集中的に共同作業をして、技術とアイデアを競い合うイベントです。大手IT企業がいろいろなハッカソンを開催しており、社内だけのもの、あるいは、オープンに参加者を募るハッカソン・イベントなど多種多様です。フェイスブックの「いいね！」機能もハッカソンから考え出されたアイデアだとか。

陸さんがハッカソンに参加したきっかけは、クックパッドの新規事業のために、エンジニアを採用する必要があったからだとか。シリコンバレーでは今、エンジニアが不足しています。しかも、エンジニアの質や力量にはばらつきがあり、一緒に働いて見ないと、なかなか良い人材かどうかはわかりません。そこで友だちに相談すると、ハッカソンなどのイベントに行って、エンジニアと知り合いになるといいと言われたそうです。それなら、実際に自分でも出てみようと、友だちと組んで参加しました。

ハッカソンでは通常、24時間以内にひとつのサービスをつくり上げて、それをプレゼンテーションします。参加者たちはチームを組んで、アイデアを出し合い、データを集め、プログラミングを行います。夜を徹してサービスが完成したら、翌日は聴衆に向かってプレゼンテーションを行います。そして、最も支持されたサービスが優勝となります。

ちなみに、陸さんご自身ではプログラミングはできないそうですが、一緒に組んだ日本人のエンジニアがコードを書き、ご自身は英語のプレゼンテーションをするというように、役割分担をして取り組んだそうです。シリコンバレーのイベントで準優勝し、全米の優秀者を集めたラスベガスのイベントでは見事に優勝を勝ち取りました。

参加してみての陸さんの感想は、「始めは周りの優秀そうなエンジニアに圧倒されていたのですが、蓋を開けてみると、異なるプログラミング言語や電子回路設計などを組み合わせて、1つのサービスをつくりきれるエンジニアは皆無でした。私は日本人のエンジニアと参加していたのですが、改めて日本のエンジニアがシリコンバレーにまったく引けをとらないほど優秀だということを実感しました」というもの。

企業側にとっては、新しい機能やサービスのアイデアを発掘する、エンジニアを採用するなどさまざまなメリットのあるハッカソンですが、エンジニアとっても、新しい仲間と出会い、知識や技術を交換し、人脈を広げる絶好の場となります。腕に覚えのある人はぜひ力試しをしてみてください。

MITで、自分の本当にやりたいことがわかった

北川《きたがわ》 実萌《みほ》

2014年 機械工学科卒業。京都府生まれ。高校時代に参加したイスラエルでのプログラムをきっかけに米国への大学進学を考えはじめ、MITへ。現在、カリフォルニア大学バークレー校にて機械工学博士課程に在学中。

イスラエルの夏季研修プログラムで触発を受けた

海外を意識し始めたのは高校1年生の頃です。私の通っていた神戸女学院には意識の高い生徒が多く、周囲の友だちは医学部や法学部などを目指していました。私は昔から理数系が得意だったので、進路は理系だろうと考えていました。

私が興味を持っていたのは化学です。高校1年生のときに、授業以外にも実験する機会が

ほしかったので、友だちと一緒に化学部を立ち上げました。そこでは、部員がそれぞれやりたい研究をして文化祭などで発表するという、研究主体の自立した活動を行いました。

それとは別に、途上国関係の活動にも興味がありました。小学生のときに、ルワンダで義足をつくる活動をしている人から話を聞く機会があり、その後、国連の活動にも興味を持ち始めたのです。将来もしも医学部に進学するなら、国境なき医師団に参加したいとも思っていました。当時の私には、それくらいしか選択肢が思いつかなかったのです。

その後、高2の秋から1年間、私は学校の留学プログラムを利用して、アメリカのミネソタ州セントポールの高校に行きました。私が育ったのは、京都の伏見で350年の歴史のある造酒屋の家です。母が英語教室を開いたり、私自身も小さな頃から英語のゲームに親しんだりしてきましたが、英語環境で暮らすのは初めてです。しかし周囲にもさまざまなプログラムを利用して留学する人はいましたし、母も背中を押してくれました。

このとき、私にとって転機となる出来事がありました。留学中に、イスラエルのワイズマン研究所のＩＳＳＩ（インターナショナル・サマー・サイエンス・インスティテュート）という夏季研究プログラムがあることを知ったのです。日本ではほとんど知られていないと思いますが、世界17ヵ国の人々と一緒に、科学の研究プロジェクトを行います。私は大学でも化学を専攻したいと思っていたので、帰国前の夏に1ヵ月間参加することにしました。研究プロジェクトは興味深く、最後の1週間は砂漠でサバイバル・キャンプも経験しました。このとき、MITの入学予定者とも出会い、彼らといろいろ話をするうちに、アメリカの大学へ進学するのもいいかもしれないと思うようになったのです。

帰国後、SATやTOEFLの勉強を始め、結果、第1志望のMITに合格ができました。なお、MITの合格発表は円周率にちなんだ3月14日です。

日本人学生会を復活させる

私がMITに入学したとき、周囲に日本人学生はいませんでした。その後、4年生に1人日本人がいることを知りましたが、結局、お会いすることはありませんでした。ただ、インターナショナル学生向けオリエンテーションで、先輩たちからいろいろと話を聞くことができたので、学校生活にはスムーズに溶け込めました。

2年生と3年生のときは、今度は私がインターナショナル・オリエンテーションのコーディネーターをやりました。担当していた先輩と仲良くなって、次はあなたがやればいいと薦められたのです。コーディネーターは2人で、学生のお世話をするボランティアのメンターを25人くらい選定します。各人に新入生を4～5人割り当て、空港でのピックアップから、入寮手続き、換金や携帯電話の購入、銀行口座の開設、オリエンテーションなどのイベントに参加できるところまでサポートします。

インターナショナルの学生は少数派（1学年1200人中100人程度）なので、いろいろと手厚くサポートしてもらえます。受験者の応募書類の審査を行うアドミッション・オフィスには10人くらいスタッフがいますが、インターナショナルの学生のことは熟知していて、可愛がってくれます。あるとき、廊下で会ったら、「君は日本の京都から来て、実家は酒屋さんだよね。エッセイを見て覚えている」と声をかけられたこともあります。ネパール人学生は、渡米時に寮がまだ開いていなかったため、スタッフの自宅に泊めてもらったそうです。

ちなみに、日本人でもアメリカ国籍を持っていると、インターナショナル枠にはなりません。ビザなどの手続きが要らないからです。MITの学生はアルバイトやインターンシップで給料をもらったりしますが、インターナショナルの学生は自分で確定申告をしなくてはなりません。この手続きが複雑なので、いろいろと教えてくれる先輩とのネットワークが欠かせないのです。

その後、大学院生が主体のJAM（Japanese Association of MIT）と一緒に震災関係の募金活動をしているときに、ニュージャージー出身の日本人学部生、門利暁君と知り合いました。これも何かの縁なので、学部でも毎年イベントをしようと、休部状態だった日本人学生会（ＪＳＵ：The MIT Japanese Society of Undergraduates）を一緒に復活させました。このとき、インターナショナル・オリエンテーションのコーディネーターをしていたので、後輩として入学してくる日本人学生たちの連絡先を入手し、知り合うことができました。

本当にやりたいことは、Ｄラボで見つかった

ＭＩＴに行ってみて思ったのは、本当に勉強をしたい、本当に自分の人生を活かしたいと思っている人には、すごくお薦めだということです。特に、専攻を決めるときに、いろいろな選択肢を知った上で、じっくり検討できるのは良かったです。私は最初、化学を専攻しようと思っていたのですが、結局、機械工学を専攻しました。大学に入る前は、物理を深く勉強したことがなかったので、専攻対象に含めていなかったのです。ＭＩＴでは、学部を決めずに入学し、まずは勉強をしよう、そのうちに何かわかるから真剣にやろうという雰囲気があります。

それから、偏った意見かもしれませんが、他大学と比べてＭＩＴの良いところは、１人ひとりが専門分野を持っていることです。その後の人生で世界にどれだけ貢献できるかどうかはわかりませんが、専門分野を極めて、それが自分の強さだとわかるのはいいことだと思い

ます。
　私の場合、MITでの一番の収穫は、Dラボ(D-Lab)というプログラムに参加できたことでしょう。Dラボは、発展途上国のコミュニティの人々と一緒に貧困解消に向けて技術開発を行い、その技術を世界に広める活動をしているプログラムで、私は2年生のときから参加しました。
　最初はDラボ・ディベロップメントという授業の一環で、ホンジュラスに1ヵ月滞在しました。現地では、学部生チーム5人で活動しましたが、他の学生チームも同時期にインド、ブラジル、タンザニア、ザンビアなどに行っていました。帰ってきてから各チームの報告会がありましたが、すごく興味深かったです。ブラジルにも1ヵ月滞在し、世界中から参加したエンジニアやデザイナー、サンパウロの郊外のスラム街の人々と一緒に技術開発を行いました。そのほかに、インドのプロジェクトにも参加しました。

こうした経験を経て、化学の研究よりも、これが自分のやりたいことだったのだとわかりました。特に、「具体的にこれをやったら、こんな活動ができる」という方法論が学べたことは大きかったです。

今後はUCバークレー校で新たにチャレンジ

2014年9月からは、カリフォルニア大学バークレー校に移り、機械工学の博士号をとるために勉強を続ける予定です。

学部が終わって大学院に進みたい場合、GRE（Graduate Record Examinations）というテストを受け、エッセイも提出し、推薦状も用意するというように、学部と同じような入学試験があります。これは、MITの大学院にそのまま進学する場合も同じです。私はMIT、カーネギーメロン大学、ペンシルベニア大学、スタンフォード大学、UCバークレー校の5校を受験し、合格しました。

このうちUCバークレー校に決めたのは、途上国の技術開発を専門としている先生から、ぜひ来るようにと熱心に誘われたからです。アプリケーションを出した段階で、すぐにメールをいただきました。また、学校見学に行ってみると、その先生が自らキャンパスツアーや市内ツアーをしてくれました。現在、携わっている研究についても詳しい説明を受け、この先生と一緒にやるのは楽しそうだと思ったのです。

大学院に行くのはとても楽しみです。学部時代も自分のやりたいことはやっていましたが、とらなくてはならない必須授業があるので、やはりたいへんでした。私は授業以外にもいろいろな活動をやっているので、それにもっと時間が割けるようになるのは嬉しいことです。しかも、ボストンは冬が長く、とても寒いのに対し、気候が良く、山もあり、海もあるバークレーで過ごせるのは楽しみです。

個人で取り組んでいる課外活動の1つが、2年前から日本で始めた地域活性化プロジェクトです。きっかけは、MIT建築学部の神田駿先生が毎夏開いているジャパンワークショップ。神田先生は研究室の学生たちを滋賀県長浜市田根地区に連れていくのですが、私の実家は京都なので場所も近いので、来てみないかと誘われたのです。2回目に田根を訪れたときに、同じく参加していた同志社大学工学部の学生たちと、工学系のワークショップもやってみたいという話が持ち上がりました。私自身、Dラボのブラジルで経験したようなワークシヨップを日本でもやってみたかったので、一緒にワークショップを開くことにしました。

現在は、同志社の大学院でソーシャル・イノベーションを勉強している私の母、同大学機械工学部助教の岩本悠宏さんと一緒に、SｏHｕｂという団体をつくり、田根地区の村の人々や日本の学生たちを巻き込んで活動しています。私たちの理念は、地域の人と外部のエンジニアと一緒にデザインプロジェクトを通じて、自分たちの問題を自ら解決しようという自立心を感じてもらうことです。上から変革を押し付けるのではなく、人々がそうした意識を実感として持ち、自ら変わっていくことが一番大切だと思うのです。

まずは田根地区で取り組んでみて、そこで成功したら、他の地域に展開していきたいと思っています。

MIT合格の決め手は、全米6位だったスポーツ

門利《もんり》 暁《あきら》

2013年 電気工学およびコンピュータ・サイエンス科卒業。米国フィラデルフィア生まれ。小学校1年よりニュージャージーで暮らす。現地の公立高校を卒業後、MITへ。現在、モルガン・スタンレーMUFG証券に勤務。

日本の大学に行くのが憧れだった

僕は両親とも日本人ですが、生まれたのはフィラデルフィア。その後、いったん東京に戻ったものの、父親の仕事の関係で、小学校1年の夏からはずっとアメリカの東海岸で暮らしてきました。小中高とも現地の学校で、週末には日本の補習校に通っていました。

大学では、日本に帰りたいと思っていました。当時、僕の周りの友だちは日本の大学に行

くのが憧れだったのです。ただし、日本の大学を受験する場合、高校を卒業してから予備校に行って試験を受けることになり、アメリカの入試よりも後になります。どうせなら先にアメリカの大学を受けておこうと思って、名前を知っているところや陸上で誘ってくれるところを探しました。

僕は高校時代に110メートル・ハードルやメドレーリレーをしていて、リレーではインターハイに出場し、全米で6位になりました。スポーツのほかにチェロもやっていて、ジュリアードプレカレッジに通ったりしていたので、ジュリアード大学も受験しましたが、練習不足とSATの英語の成績で、見事に落ちてしまいました。SATで数学は良かったのですが、英語は普段は使わない単語を大量に覚える必要があるのです。暗記ものは苦手なので、散々な成績でした。

MITではスポーツ推薦は公認されていませんが、提出したエッセイの出来はそれほどよくなかったはずなので、スポーツで拾ってもらったのではないかと推測しています。

EECS（電気工学とコンピュータ・サイエンス）を専攻

MITには航空工学があるので魅かれ、入学を決意しました。当然、入学してからは航空工学を専攻しようと思っていましたが、1年生の物理の授業で、ジャイロスコープが出てきたときに、難しくてピンときませんでした。友だちに聞くと、航空工学はすべてにジャイロスコープがついてくると言うのです。それで、ＥＥＣＳ（電気工学とコンピュータ・サイエンス）へと専攻を変えることにしました。

コンピュータ・サイエンスでは、入学前からプログラミング経験者が大勢いて、まったくゼロからスタートする僕のような学生は少数派でした。高校時代の僕は、パソコンはインターネットを見たり、レポートの調べ物をする程度だったのです。一方、隣に座っている学生たちは中学生の頃からプログラミングをいじり、パソコンを一からつくってロボットを動かそうとするような人ばかり。だから、勉強はとてもたいへんでした。一応、ＵＲＯＰにも参加し、シェークスピアを日本語に翻訳するのを手伝ったりしたものの、ＵＲＯＰに時間を割きすぎると本業の勉強に影響が出るのが怖くて、あまり手を出しませんでした。

◇1年生のときのタイムスケジュール

1年生のときは、毎日だいたい12時に起床。授業はすべて午後に集中させていたからです。午後4時に授業が終わると、7時頃までクラブ活動の陸上の練習をして、夕食後、9時頃から宿題にとりかかります。就寝は朝の6時頃。月曜から金曜までそういう生活でした。

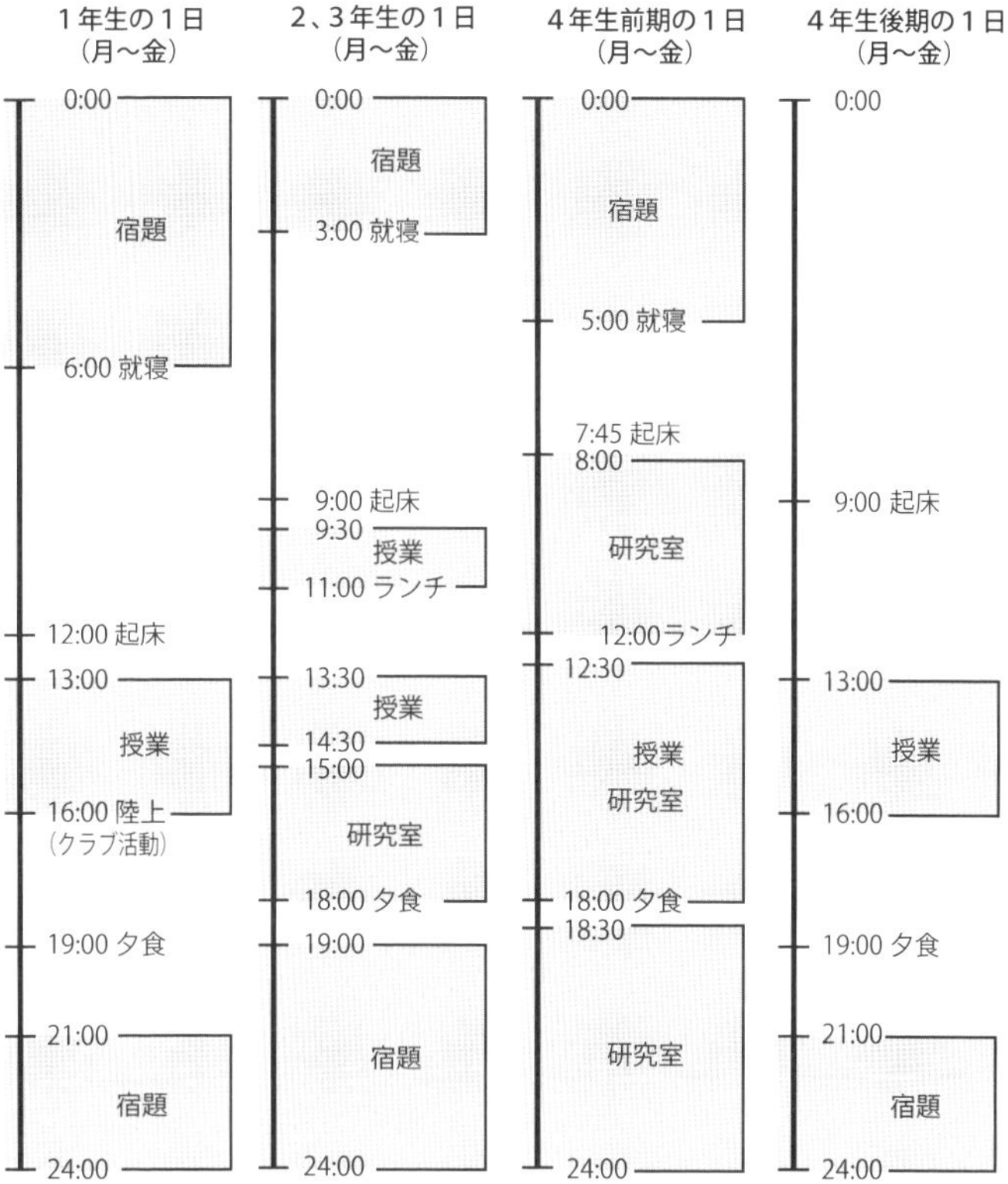

宿題はすごく難しくて、誰かの答えをコピぺするだけでは、答えを自分で説明できません。それでは期末試験で落ちてしまうので、きちんと理解しようとすると、それだけで3〜4時間はかかってしまいます。日によって友だちと一緒に宿題をやることもあり、得意な人を囲んで教えてもらいました。MITでは、勉強ができて教えるのがうまい人は、友

だちがすごく増えるんです。

土曜日は昼過ぎまで寝て、夜は友だちと食事や飲みに出かけます。日曜はスポーツなどをしますが、午後6時頃から現実に戻り、再び宿題を始めます。だから、一番休めるのは土曜日でした。

◇2~3年生のスケジュール

2年生になると、専攻の授業が増えます。プログラムの授業は朝9時から始まるので、1年生のときよりも起床時間が3時間早まり、就寝時間も午前3~4時に。怪我をして陸上をやめたので、宿題も早めにとりかかれるようになったのです。友だちと一緒にコーディングを勉強したり、ラボで過ごしたりすることも増えました。ラボに行くと、大学院生がいて、わからないときには質問ができるので助かりました。

3年生のときもだいたい同じような生活を送りました。

MITでは基本的に前期4コマ、後期4コマをとりますが、できるだけ前倒しにしていくと、何かあったときの余裕ができます。たとえば、僕は3年の春学期に難しかった授業を1つやめました。MITではこの日までに履修を取り消せば記録に残らないというドロップデーが設けられていて、学生は中間テストの結果を見て落とすかどうかを決めることが多いのですが、その授業は中間テストがドロップデーの間際だったので、教授が気を利かせて「今回は落した方がいいかもしれない」とメールをくれたのです。

成績は宿題も重視されますが、中間や期末テストが悪いとさすがに成績に響きます。宿題の出来は毎回、主に大学院生が採点し、回答の評価や配分に迷うときは教授と話し合って決めるようです。宿題の点数とテスト結果を総合して、ベルカーブで自動的にABCDがつきます。だから、たとえ85点であっても、みんなが85点以上なら自分はCになってしまうのです。その意味では、授業ではみんながライバルでした。

◇4年生のスケジュール

4年目の前期は5コマとりましたが、一番ハードな生活になりました。ラボは朝8時に開くので、それに合わせて7時45分頃に起床。その後はずっとラボで過ごします。それほど重要ではない授業はパスし、必須の授業は1〜2時間ラボを抜け出す形で、食事休憩をはさみながら、ラボが閉まる真夜中まで、授業で出された課題に取り組みます。

課題では「こういうのをつくってきなさい」というテーマを与えられます。聞くと簡単そうなのに、実際に取り組んでみると、ロジック通りに動かず、不具合の原因を探して修正対応をするうちに、あっという間に5〜6時間が経過しているのです。夜中の12時から、ほか

の授業の宿題を始めます。寝るのは朝5時。3時間睡眠の生活が2ヵ月くらい続きました。
後期は一転して楽になりました。体育で必要なスキューバダイビング、スペイン語、ミュージックセオリー、プログラミングと、気楽にとれる授業ばかりだったので、楽しめました。授業は朝9時から、午後は宿題をちょいちょいとこなし、12時すぎに寝ることができました。

フラタニティでの交友関係

MITでは勉強も大事ですが、一番良かったのは友だちです。学部時代の友人関係は、大学院のものとはまた一味違うはずです。一緒によくわからない課題を朝4〜5時までやって、それでも数字が合わないと四苦八苦し、それを乗り越えた週末ははっちゃけて、パーティーやスポーツをしたり、海に行ったり、三連休は一緒にバーモントで小屋を借りてリトリートしたりする。そうやって一緒に頑張って、苦痛を乗り越え、一緒に休めるのは大切です。だから、気の合った友だちのいるフラタニティに入ることに決めたときは、一番楽しかったです。

僕の住んでいたハウスは5階建ての建物で、50人くらいが住めます。リビングが3つ、キッチン2つ、寝室は15〜16個くらいで、1人部屋から5人部屋までさまざまです。僕は最初2人部屋、5人部屋、それから1人部屋で生活しました。友だちなら、別の学年の人でも気にせずにシェアします。

フラタニティでは、会長、副会長、会計を選んで、自主管理しています。家賃は半年で3000ドル。洗濯、電気・ガス、日曜から木曜の夜まで夕飯、パーティー代なども含まれています。簡単な家の修理はみんなで行います。秋に新学期が始まる直前は、1年生にいいところを見せたいので、1週間かけて大掃除します。芝生だった裏庭にレンガの石畳を敷き詰めたり、地下のゲームルームの床を全部張り替えたりと、大掛かりな修理や拡張をすることもあるんです。

パーティーは、最初の頃は2〜3週間に1度のペースで行っていました。ボストン大学やウェルズリー大学などの学生も含めて、200~300人が来たこともあります。他大学はあまりパーティーを主催しないうえ、MITではアルコールが無料で出るとあって、みんながやって来ます。とはいえ、一緒に話をするのが目的なので、どこの誰ともわからない人ばかりでは楽しめません。最終的に、人数を絞って開催するようになりました。

実務経験を積むために就職

MITを卒業後、現在はモルガン・スタンレーでIT関係の仕事をしています。プログラミングを3年やったところで、基礎の基礎しか知らない状態だったので、大学院に行くとしても、働いてもう少しプログラミングを身につけてからにしようと思ったのです。今後もし進学するなら、アメリカ以外で、言葉の通じないヨーロッパなどもいいなと思っています。

モルガン・スタンレーを知ったきっかけは、ボストン・キャリア・フォーラムです。3年生が終わった夏休みに、同社の日本オフィスで5週間インターンをしました。その場ではオファーは出なかったのですが、働いている人も好きだし、雰囲気も良かったので、好印象を持ちました。正式に就職が決まったのは4年生の11月の最終週。実は勉強が追い込みの時期で、ディナーの誘いも断ったほどです。朝から晩まで課題をやって、なんとか締め切りに間に合わせた翌日に面接に行きましたが、ひどい寝不足だったので、圧迫面接をされていたら、神経が持たなかっただろうと思います。

MIT志望者へのメッセージ

僕が今、もう一度どこかのアメリカの大学に行くとすれば、MITを選ぶと思います。とてもつらい部分もあるのですが、すごい人がいて刺激になるし、面白い人に出会えます。もう一度繰り返せるなら、もっとうまく時間をやりくりして、ハックやUROPなどにももっと参加してみたいです。

MITでは勉強だけできても仕方ありません。勉強以外にできること、面白みがあって何か変わった特技があった方がいい。周りはそういう人が大勢いるからです。スポーツであれば、一緒に練習に行くなど、仲間がつくりやすいのもメリットです。

だから、高校3年でも部活をやめない方がいいし、趣味を極めることが大事だと思います。

column

MITのキャンパスライフ（1年間）

アメリカの大学は9月始まりなので、4月入学の多い日本の大学とは少し勝手が違うところがあります。MITの学生の年間スケジュールを聞いてみました。

MITに合格した人は、8月末から活動が始まります。インターナショナルの学生は早く打ち解けられるよう、1週間早く、インターナショナル学生向けオリエンテーションが開かれます。その後、アメリカ国籍の学生が合流し、普通のオリエンテーションが始まり、入学式が行われます。

また、希望者は正式に入学する前に4～5日ほど、FPOP（Freshman Pre-Orientation Program）に参加できます。そこでは、ハイキング、ロボットづくり、橋の模型づくり、芸術など、いろいろなことに挑戦できます。エントリー希望をいくつか出し、人数が多いときは抽選となります。

一番人気は、やはりロボットづくりです。臼井小春さんはプログラミングやロボットづくりに初めてチャレンジ。門利暁さんは風車をつくって、どれだけエネルギーを出せるかに挑戦したそうです。このプログラムは、以前はインターナショナル学生向けオリエンテーションと同時期に行われていたため、インターナショナルの学生は参加できませんでしたが、強い要望により、現在はすべての学生が参加できるようになったそうです。

こうしたイベントが終わると、いよいよ授業が始まります。ＭＩＴは２学期制で、前期は９月から始まります。10月～11月にかけて中間試験があり（授業によっては１～２回）、12月のクリスマス直前に期末試験です。期末が終わると、クリスマス休暇に入ります。

１月はＩＡＰ（Independent Activities Period）といって、自由に活動できる期間です。授業を受けてもよし、海外のプロジェクトに参加してもよし。休みに当てても構いません。学生が主催するワークショップなどもあり、陸翔さんはＭＩＴ日本人会で将棋クラスを開いたそうです。内容は幅広く、オタクのためのデート講座などもあったとか。

この期間のイベントとして特に有名なのは、ロボット・コンテストです。映画にも取り上げられました。１つは実際にロボットをつくって対戦しますが、もう１つは、プログラミングを組んでコンピュータの画面上で対戦します。どちらも最後の試合の日には大勢の学生が見にきます。アメリカの大学は普通、アメリカンフットボールで盛り上がりますが、ＭＩＴではそれに匹敵するイベントとなっているのです。

後期の授業は、２月の第１週目からスタートします。３～４月に中間テストがあり、５月中旬に期末テストがあります。それが終わると、６～８月は夏季休暇です。しばし宿題や試験から解放され、各自で自由に過ごしながら、新学期に向けて英気を養います。

Registration
Last day to change a subject from Credit to Listener
Last day to add a time-arranged subject that started after beginning of the term
Last day to add half-term subjects offered in second half of term
Last day to petition for December Advanced Standing Exam (given during Final Exam Period)

27-28 Thu-Fri
Thanksgiving Vacation

DECEMBER

1 Mon
Online preregistration for Spring Term and IAP begins

5 Fri
Subjects with final exam-No test may be given and no assignment, term paper, or oral presentation shall fall due after this date.
Subjects with no final exam-Undergraduate Subjects: No test may be given and at most one assignment may fall due between this date and the end of the last scheduled class period in the subject.
Graduate Subjects: Either one in-class test may be given or one assignment may fall due between this date and the end of the last regularly scheduled class in the subject.

10 Wed
Last day of classes
Last day to drop half-term subjects offered in the second half of term

12 Fri
Last day to submit or change Advanced Degree Thesis Title. $85 Late Fee.

15-19 Mon-Fri
Final exam period

16-30 Tue-Tue
Grade deadline. Grades must be submitted according to due date indicated

31 Wed
Spring preregistration deadline. Continuing students must initiate online preregistration by 5 pm on this date. $50 Late Fee ($85 after January 20).
Deadline for continuing students to select preferences for fall CI-H/CI-HW subjects.
IAP preregistration deadline. Deadline for all students to preregister for IAP
Term Summaries of Fall Term grades available to departments

2015

JANUARY

5 Mon
First day of January Independent Activities Period
Deadline for doctoral students to submit application, signed by department, to the Office of the Dean for Graduate Education, 3-138, for Spring Term Non-Resident status. $100 Late Fee. Not needed if Spring Term approved with Fall Term application.
IAP Physical Education classes begin

7-8 Wed-Thu
CAP Grades Meetings

9 Fri
Thesis due for doctoral degrees
Last day to petition for January Advanced Standing Exam

13 Tue
Graduate Academic Performance Grades Meeting

16 Fri
Thesis due for degrees other than doctoral
Last day to go off the February degree list

19 Mon
Martin Luther King, Jr. Day-Holiday

20 Tue
5 pm Final deadline for continuing students to preregister online for spring. $85 Late Fee.

21-22 Wed-Thu
CAP Deferred Action Meetings

26 Mon
Online registration opens for all students

ACADEMIC CALENDAR 2014-2015

2014

SEPTEMBER

1 Mon
Labor Day-Holiday

2 Tue
Registration Day-Fall Term
Number of class days (Wed, Sep 3, through Wed, Dec 10): 12 Mon, 13 Tue, 15 Wed, 13 Thu, 12 Fri = 65 days

Deadline to change a Spring Term Exploratory subject to Listener status

3 Wed
First day of classes

5 Fri
Degree application deadline for February SB and Advanced Degrees. $50 Late Fee ($85 after December 12).

Registration deadline. Registration for all students must be submitted by this date. $50 Late Fee.

Deadline for second-term juniors to submit the HASS Concentration Proposal form. $50 Late Fee.

Deadline for final-term seniors to submit the HASS Concentration Completion form. $50 Late Fee.

8 Mon
First quarter Physical Education classes begin

9 Tue
Graduate Academic Performance Meeting

12 Fri
CAP September Degree Candidates Meeting

15 Mon
Last day to sign up for family health insurance or waive individual coverage for fall, E23-308

15-19 Mon-Fri
Career Week

17 Wed
Faculty Officers recommend degrees to Corporation (Degree Award Date)

19 Fri
Student Holiday-no classes

Fall Career Fair

Minor completion date. Deadline for submission of Minor Completion form for final-term seniors. $50 Late Fee.

OCTOBER

3 Fri
Add date. Last day to add subjects to Registration
Last day for juniors/seniors to change an elective to or from P/D/F grading
Last day for graduate students to change a subject to or from P/D/F grading
Last day to change a subject from Listener to Credit
Last day to drop half-term subjects offered in first half of term
Last day for sophomores to change a subject to or from Exploratory
Late fee ($100) and petition required for students completing registration after this date
Last day for June and September 2015 degree candidates to apply for double major
Deadline for completing cross-registration. $50 Late Fee for petitions received after this date.

13 Mon
Columbus Day-Holiday

24-25 Fri-Sat
Family Weekend

27 Mon
Second quarter Physical Education classes begin

NOVEMBER

10-11 Mon-Tue
Veterans Day-Holiday

19 Wed
Drop date. Last day to cancel subjects from

Registration
Last day to change a subject from Credit to Listener
Last day to add time-arranged subject that started after beginning of the term
Last day to petition for May Advanced Standing Exam (given during Final Exam Period)
Last day to add half-term subjects offered in second half of term

MAY

1 Fri
Online preregistration for Fall Term and Summer Session begins
Thesis Due for doctoral degrees

8 Fri
Subjects with final exam-No test may be given and no assignment, term paper, or oral presentation shall fall due after this date.
Subjects with no final exam-Undergraduate Subjects: No test may be given and at most one assignment may fall due between this date and the end of the last scheduled class period in the subject.
Graduate Subjects: Either one in-class test may be given or one assignment may fall due between this date and the end of the last regularly scheduled class in the subject.
Thesis due for degrees other than doctoral

14 Thu
Last day of classes
Last day to drop half-term subjects offered in the second half of term

18-22 Mon-Fri
Final exam period

19-26 Tue-Tue
Grade deadline. Grades must be submitted according to due date indicated

22 Fri
Last day to go off the June degree list

25 Mon
Memorial Day-Holiday

28 Thu
Term Summaries of Spring Term grades delivered to departments
Department grades meetings

29 Fri
Summer Session preregistration deadline. Deadline for all students to preregister online for Summer Session. $50 Late Fee.

JUNE

1 Mon
CAP June Degree Candidates Meeting
CAP Grades Meeting
Graduate Academic Performance Meeting
Faculty Officers recommend degrees to Corporation
Online registration opens for all students

2 Tue
CAP Grades Meeting

4 Thu
Doctoral Hooding Ceremony

5 Fri
Commencement

8 Mon
First day of classes for regular Summer Session

10-11 Wed-Thu
CAP Deferred Action Meetings

12 Fri
Degree application deadline for September SB and Advanced Degrees. $50 Late Fee ($85 after July 11).
Registration deadline. Registration for all students must be submitted by this date. $50 Late Fee.

15 Mon
Fall preregistration deadline. Continuing students must initiate online preregistration by this date. $50 Late Fee ($85 after August 18).
Deadline for continuing students to select preferences for fall CI-H/CI-HW subjects.

June 8 (Mon) - Aug 18 (Tues) Summer Session (incl. Exam Period). Theses due for all September
Degree candidates, Fri, Aug 7.

29 Thu
English Evaluation Test for international students, 9 am-12 pm
30 Fri
Last day of January Independent Activities Period

FEBRUARY

2 Mon
Registration Day-Spring Term
Number of class days (Tue, Feb 3, through Thu, May 14): 12 Mon, 12 Tue, 14 Wed, 14 Thu, 13 Fri=65 days
Deadline to change a Fall Term Exploratory subject to Listener status

3 Tue
First day of classes

4 Wed
Grade deadline. Grades for IAP must be submitted by this date

6 Fri
Registration deadline. Registration for all students must be submitted by this date. $50 Late Fee.
Degree application deadline for June SB and Advanced Degrees. $50 Late Fee ($85 Late Fee after April 3).
Deadline for second-term juniors to submit the HASS Concentration Proposal form. $50 Late Fee.
Deadline for final-term seniors to submit the HASS Concentration Completion form. $50 Late Fee.
Term Summaries of grades for IAP available to departments

9 Mon
Third quarter Physical Education classes begin

10 Tue
Graduate Academic Performance Meeting

13 Fri
CAP February Degree Candidates Meeting

15 Sun
Last day to sign up for family health insurance or waive individual coverage for spring, E23-308

16 Mon
Presidents Day-Holiday

17 Tue
Monday schedule of classes to be held

18 Wed
Faculty Officers recommend degrees to Corporation (Degree Award Date)

20 Fri
Minor completion date. Deadline for submission of Minor Completion form for final-term seniors. $50 Late Fee.

MARCH

6 Fri
Add date. Last day to add subjects to Registration
Last day for juniors/seniors to change an elective to or from P/D/F grading
Last day for graduate students to change a subject to or from P/D/F grading
Last day to change a subject from Listener to Credit
Last day to drop half-term subjects offered in first half of term
Last day for sophomores to change a subject to or from Exploratory
Late fee ($100) and petition required for students completing registration after this date
Last day for February 2016 degree candidates to apply for a double major
Deadline for completing cross-registration. $50 Late Fee for petitions approved after this date.

23-27 Mon-Fri
Spring Vacation

APRIL

1 Wed
Fourth quarter Physical Education classes begin

3 Fri
Last day to submit Advanced Degree Thesis Title. $85 Late Fee.

16-19 Thu-Sun
Campus Preview Weekend

20-21 Mon-Tue
Patriots Day-Vacation

23 Thu
Drop date. Last day to cancel subjects from

広い視野で自由な研究活動を楽しめた

白崎《しらさき》 保宏《やすひろ》

2006年 物理学科および電子工学科卒業。2008年 修士号を、2013年 博士号を取得。幼少よりマサチューセッツ州で暮らす。現地の高校を卒業後、MITへ。2004年 MIT・ロボコンで優勝。現在、日立製作所中央研究所に勤務。

全米の理系、工学系の優秀者が目指すMIT

私は日本で生まれましたが、父親の仕事の関係で、幼稚園と小学校の数年以外はずっとマサチューセッツ州で過ごし、ほとんどアメリカ人のように育ちました。

アメリカの高校生にとって、MITはハーバード大学、カリフォルニア工科大学（カルテック）、UCバークレー校、スタンフォード大学などと並ぶトップスクールの1つです。特にマサチューセッツ州の高校生にとっては地理的に近いので、理系、工学系の成績優秀者が必ず受ける大学の1つとなっていました。

私は根っからの理系人間です。父親が理系であることもあり、子どもの頃から、空はなぜ青いかなど理系っぽい話をよくしてくれました。それでどんどん興味が沸き、将来はサイエンスを使った仕事をしたいと思うようになりました。

高校時代は数学部の部長や、陸上部のキャプテンを務めました。インターナショナル・クラブを立ち上げて、留学生たちの出身国の文化を紹介するイベントを企画したこともあります。特に数学が得意で、毎年マサチューセッツ州で数千人の数学が得意な高校生たちが受ける数学のテストで上位30位に入ったりもしたので、大学では数学を勉強するつもりでした。

しかしMITに入って、高校の数学と大学で学ぶ数学は違うことを知りました。さまざまな式を解いて考えるだけでなく、実験などもやって、世の中に役立つものをつくりたいと思ったのです。物理も好きだったので、それらをミックスした科目として電子工学に興味を持ちました。それで、学部では物理学と電子工学の2つを主専攻としました。大学院もそのままMITに進学し、修士と博士では電子工学を専攻。その後、ポストドクターを少しやりました。MITで11年間を過ごしたことになります。

MIT名物　ロボコンで優勝！

学部時代に話を戻すと、勉強ばかりでなく、バスケットボール同好会の活動にも力を入れました。週に3〜4回は、授業が終わると夜7時から3時間くらいみっちりと練習しました。宿題は夜11時頃から始めて、朝の4〜5時までやりました。ダブルメジャーなので、宿題の量は多かったのですが、理系の問題を解くのはそれほど苦ではありませんでした。むしろエッセイなどの多い文系の宿題に苦しめられました。

学部時代の思い出として、印象に残っているのはロボコンです。MITではいろいろな種類のロボコンが開かれます。私は友だちと一緒に、IAP（Independent Activities Period）6・270という1月の休み中に1ヵ月間行われるロボコンのクラスに申し込みました。

MITのクラスは番号制で、○・○○という最初の数字は学科を示しています。電子工学は6、物理は8、数学は18です。建物にもすべて番号が振られているので、「今日の授業はビルディング10だ」「今日は6・3××の試験があって、たいへんだ」というように、日常会話で数字がしょっちゅう飛び交うのです。

私のとったロボコンのクラスは毎年3人1組で60組が参加します。学部を問わず誰でも参

加でき、単位も出ます。1ヵ月間のうち最初の1~2週間は、ロボットの基礎的なつくり方や、ロボットに積むマイコンのプログラミングなどを学びます。参加者はロボコン制作の初心者も多いので、最初に基礎トレーニングを受けるのです。その後、大会のルールが発表され、残りの2週間はチームで最強のロボットづくりに励みます。

ロボコンのテーマは毎年異なり、私のときは2×3メートルのテーブルに散らばったピンポン玉サイズのボールを、無人ロボットで1分間にいくつ集められるかを競うものでした。

ロボットには赤外線センサー等を装備し、壁に当たったときは左に曲がるというように、あらかじめ、すべてのコマンドをプログラミングしておきます。私のチームには、高校時代にプログラミング大会で世界7位となったメンバーがいたので、その人にプログラミングを担当してもらい、私は本体の設計や製作などを主に担当しました。大会前の48時間は徹夜でずっとロボットをいじっていました。

大会当日は大勢の見学者の前で、勝ち抜き戦をします。試合中は手動で操作しないので、無人ロボットの動きを1分間はらはらしながら見守りました。僕らのチームは予選を2位で通過。本番では優勝することができました！

UROPやインターンシップでは横の広がりを追求

学部2年と4年のときはUROPを利用して、レーザー関係の研究室でレーザー用非直線性鏡の微分反射率の新規測定方法の実験的確認等の研究等に携わりました。大学院ではそれとは違う研究室に入ったのですが、興味に応じていろいろな研究を体験できるのはUROPの良いところです。

アメリカは夏休みが長いので、ＭＩＴの学生の多くはどこかの企業に行ってインターンシップをしますが、私もその影響で、住友３Ｍ、横浜国立大学、ＪＲ総合研究所でインターンシップをしました。そのときも、大学で勉強していたことの延長ではなく、超電導や信号処理など、専門分野とは違うところを敢えて選びました。

これは結果的にすごく良かったと思います。というのは、研究をしていると幅広くモノを知っていることは重要だからです。たとえ1ヵ月でもインターンシップなどで経験していれば、それなりにその分野の知識がつきます。１つの技術を掘り下げることも大切ですが、横に広げておくとさまざまな観点から物事が見れると思います。

インターンシップの受け入れ先は、知り合いを通して教えてもらったり、ＭＩＴに企業派遣で来ている客員研究者に頼んだりと、いろいろな方法で探しました。ＭＩＴにはさまざまな人がさまざまな所から来ているので、そういう機会を見つけやすいようです。他大学に行った高校時代の友だちに話を聞くと、インターンシップ先を探すのに苦労していました。

ノーベル賞受賞者も意外と接しやすかった

ＭＩＴでは共同研究が多く、横に情報が動いていきます。大学院のときは、アイデアがあるけれども自分一人ではできないと思ったときもあり、教授を通さずに、ほかの研究室の人に助けを求めて研究を進めたりしました。それほど親しくしていない人でもEメールを出して「あなたの研究に関して聞きたいことがある」と頼めば、気軽に返事をくれて「明日の昼に話し合おう」と言ってくれるのです。知らない人から相談されることも頻繁にありました。いちいち教授にお伺いを立てなくても、誰とでも話し合い、互いに助け合うカルチャーなのです。学部の頃から先生方との関係は近く、ファーストネームで呼び、わからないことがあれば、知らない先生のところにも気軽に聞きに行っていました。

学部の授業では、特に成績がいいと、終了時にサーティフィケートがもらえます。私は物理の成績が良かったらしく、先生の部屋に呼ばれ「君はよく頑張った」と声をかけてもらい、「この後はどうするか」と聞かれました。その先生は、フランク・ウィルチェックというノーベル物理学賞の受賞者でしたが、とても気さくに話してくださったことを覚えています。

自分の個性を活かせる日本企業に入社した

大学院を終えた後、日本のメーカーに入社することにしました。MITで感じたのは、頭の良さだけで競うのではなく、自分の特徴を活かすことの大切さです。私のバックグラウンドは普通の日本人と違います。日本語を話しますが、アメリカ育ちなので、英語を話すのはもちろん、アメリカのカルチャーもよく知っています。一方、アメリカにいれば、日本語はわかるものの、普通のアメリカ人と特に変わりません。グローバル化を進めている日本で働いたほうが、個性を活かして、より社会に貢献できると思いました。

もちろんお金儲けをしたいなら、メーカーよりも、金融やコンサルティングなどの業種が有利でしょう。しかし、それでは自分としては面白くありません。私は昔から理系で、メーカーでエンジニアリングをやるほうが当たり前の選択でした。

大学院では有機ＥＬの研究をしていましたが、それに固執せず、電子工学系の研究職を選びました。昔からいろいろな技術に興味があったからです。日立に就職した理由の１つも、たくさんの研究所があり、幅広い分野の研究をしていることでした。現在は電子顕微鏡を研究していますが、５年や10年後に自分の興味がどこにいくかはわかりません。さまざまな人たちが研究をし、幅広い選択肢のある環境に惹かれました。

ＭＩＴを目指す人へ

ＭＩＴでは、成績はもちろん重要ですが、それだけを重視しているわけではありません。

自分からアクティブに行動し、チャレンジ精神のある人を求めています。高校時代に何かのボランティアや会社を立ち上げたことなどが評価されます。ただし、評価されるからやるのではなく、自分がやりたいからやる人、好奇心旺盛で興味を持ったことに突っ込んでいくような人を、MITは重要だと思っています。

よく言われるのが、「MITで教育を受けるのは、のどが渇いたときに、消火栓から水を飲むようなものだ」ということです。興味を持ってひねってみると、ものすごく大量の水が噴き出してきます。それはそれでたいへんですが、そういうのを面白がって楽しめる人には、MITは絶好の場所です。すごく興味深い人、いろいろなキャラクターの人にも出会えるので、そういうところも楽しみにしてほしいです。

column

ＭＩＴは、すべてが番号？

多くの日本の大学と異なり、ＭＩＴでは入学時に専攻が決まっていません。1年目は学科に所属せずに授業をとり、1年の終わりに自分で学科を選択します。各学科に定員は存在せず、希望学科に必ず配属されます。学科は、変更届を出せば比較的簡単に変えることができます。

希望者は2年目以降に申請すれば、ダブルメジャーをすることができます。取得しなければならない単位数が単純に2倍になるのでたいへんですが、多くの学生がダブルメジャーを行っているそうです。

また、1年の1学期の時点ですでに単位を多く取得している学生向けにはSophomore Standingという制度が存在します。この制度を利用すれば、1年の1学期が終了した時点で専攻を決定することができます。専攻が決まれば、取れる授業の数の上限がなくなり、学科の教員がアドバイザーとしてつくなど、さまざまな利点を享受することができます。

副島智大さんは、この制度を利用して、1年の1学期終了後に化学科に配属されたそうです。

ＭＩＴには次頁の一覧表のメジャーがあり、そのほとんどは名前で呼ばれることはなく番号で表されます。授業科目にも、建物にも、部屋にも、トイレやエレベーターにも、すべて番号が振られているため、慣れないうちは戸惑うかもしれませんね。

Course 1 - Civil and Environmental Engineering
Course 2 - Mechanical Engineering
Course 3 - Materials Science and Engineering
Course 4 - Architecture
Course 5 - Chemistry
Course 6 - Electrical Engineering and Computer Science
Course 7 - Biology
Course 8 - Physics
Course 9 - Brain and Cognitive Sciences
Course 10 - Chemical Engineering
Course 11 - Urban Studies and Planning
Course 12 - Earth, Atmospheric, and Planetary Sciences
Course 14 - Economics
Course 15 - Management
Course 16 - Aeronautics and Astronautics
Course 17 - Political Science
Course 18 - Mathematics
Course 20 - Biological Engineering
Course 21 - Humanities
- Anthropology (21A)
- Comparative Media Studies (CMS) | Writing (21W)
- Global Studies and Languages (21F)
- History (21H)
- Literature (21L)
- Music and Theater Arts (21M)
- Women's and Gender Studies (WGS)

Course 22 - Nuclear Science and Engineering
Course 24 - Linguistics and Philosophy
CC - Concourse Program
CSB - Computational and Systems Biology
EC - Edgerton Center
ES - Experimental Study Group
ESD - Engineering Systems Division
HST - Health Sciences and Technology
MAS - Media Arts and Sciences
ROTC - Aerospace Studies (AS) | Military Science (MS) | Naval Science (NS)
STS - Science, Technology, and Society
SWE - Engineering School-Wide Electives
Special Programs
- Freshman/Alumni Internship Program
- Interphase
- Seminar XL
- Terrascope

挑戦すれば、身につくものがある

山田《やまだ》 修輔《しゅうすけ》

2005年 物理学科卒業（経済副専攻）。石川県生まれ。高校時代にAFSでカナダへ留学。2008年 スタンフォード大学国際政策プログラムにて修士号を取得。現在、バンクオブ・アメリカ・メリルリンチに勤務。

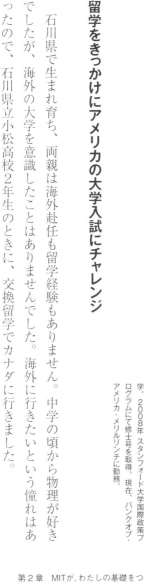

留学をきっかけにアメリカの大学入試にチャレンジ

石川県で生まれ育ち、両親は海外赴任も留学経験もありません。中学の頃から物理が好きでしたが、海外の大学を意識したことはありませんでした。海外に行きたいという憧れはあったので、石川県立小松高校2年生のときに、交換留学でカナダに行きました。

周囲に留学する人は学年に1人いるかいないか。学校側も特に推薦や奨励はしていませんでした。ただ、自由な校風で、好き勝手に自分でやりたいことを探せる環境にあったのです。そこで、ＡＦＳ（アメリカンフィールドサービス）という高校留学を中心に国際教育や異文化交流を行う留学団体を自分で見つけ、応募することにしました。

ＡＦＳはボランティアベースの団体としてはおそらく世界最大で、国会議員で自由民主党の塩崎恭久さんや、エコノミストのロバート・フェルドマンさんなども利用しています。当時、参加費用は１００万円くらいかかりましたが、そのうち50万円は小松市から補助金が出ました。

本当は英語を学びたかったのですが、受け入れ先で空いていたのはフランス語圏のケベックだけ。フランス語環境で1年間、過ごしました。留学中に今後の進路について考えましたが、どう客観的に見ても、日本の大学よりもアメリカの大学のほうがいいと思いました。ランキングも上ですし、英語も学べます。そこで、日本に帰ってきた高校2年生の冬にＭＩＴを受験しました。

ＭＩＴを選んだのは、もともと理数科だったので、理系に強い大学に行きたいという気持ちがあったからです。理論物理にしても、実験物理にしても、学部のレベルが非常に高いのも魅力的でした。幸いにも合格したので、高校は3年生の途中で辞めて、ＭＩＴに入学しました。

ＭＩＴに受かった理由を分析すると、１つは需給の問題です。当時、日本人でＭＩＴに応募する人は非常に稀でした。１年先輩に日本から入学された方がいたのですが、その前の数年間は、おそらく日本の高校から学部生としてＭＩＴに入学した人はいなかったはずです。さらに、その方が非常に優秀だったので、日本人に対する評価が高まったのではないかと推測しています。

あとは、数学の点数が良かったのと、エッセイが評価されたのかもしれません。エッセイは２本。１本は、物理をやりたい理由として、中学生のときにアインシュタインの本を読んだことなどを書きました。

もう1本は、高校留学のときに奨学金をいただいたエピソードで、行動力のあるところをアピールしました。

1年目の授業は基本すぎる？

ＭＩＴでの1年目は、数学など基本的なことをやっているので、それほど厳しくはありませんでした。僕が住んでいた寮はインターナショナルの色合いが濃いところでした。アメリカ人の学生もいますが、いろいろな国の留学生が多かったのです。外国から来ている同じ境遇なので、わかりあえるところが多く、違和感なく過ごすことができました。

僕の頃は、留学生向けに空港で出迎えるなどのサービスはなく、初日はスーツケースを持って、寮のカギをもらいに行くところから始まり、だいぶ苦労しました。しかも、2001年の入学だったので、行ってから2週間くらいで9・11の同時多発テロ事件が起こりました。当時は、テレビで映像を見たものの、あまり情報もなく、英語も拙なかったこともあり、それほど重要性を認識していませんでした。授業も特に混乱もなく始まりました。しかし今振り返ってみると、ひやりとします。

1年生のときに印象に残っているのは、ESG（Experimental Study Group）というプログラムに参加したことです。そこでは、物理や数学などの授業は普通にとると本当に楽なので、そういう学生向けに、レベルを数段階上げたプログラムを柔軟につくることができました。たとえば金融であれば、統計とマクロ経済をつなげるなど、学部のときから応用を効かせた教科にしていました。教える人は、自分たちで探してくる場合もあれば、上級生（3、4年生）が下級生に教えることもありました。MITの既存のコースでは満足しなかったり、自分なりの希望がある場合に、とても良いプログラムだと思いました。

1年のときはクラブ活動で野球もやりました。ポジションは、キャッチャーや外野です。ただし、MITのチームはとても弱くて、1シーズンに1勝しただけ。勝ったのは、遠征先のカリフォルニア工科大学（Caltech）でした。

物理では埒が明かない!?　金融関係に進路をシフト

勉強が難しくなってきたのは、3年や4年で物理などを深く掘り下げていったときです。3年生のときは、早い時間の授業がなければ、起きるのは遅めの10～11時くらい。授業はだいたい4時くらいに終わりました。

授業は平均すると1学期に4コマですが、多いときで6コマ、早めに卒業しようと決めたときは7コマのときもありました。寮に戻って、夕食などを済ませて、夜8時頃から宿題を始めます。眠くなるまでだいたい5～6時間はやっていました。

物理の場合、たとえば量子力学などで、諸条件を与えられて、これを解くような内容の質問が5～6問出ます。何人かで集まって、何時間も必死で考えました。しかし中には天才がいて、かなり遅くに入ってきて10分くらいで解いてしまうのです。天才からすれば5～6行で終わることを、我々は紆余曲折を経てやるのですから、頭の回転やキャパシティが違うのだなと思い知りました。

実は2年生の頃から、物理は天才がいっぱいいるのを目の当たりにし、こんなところでや

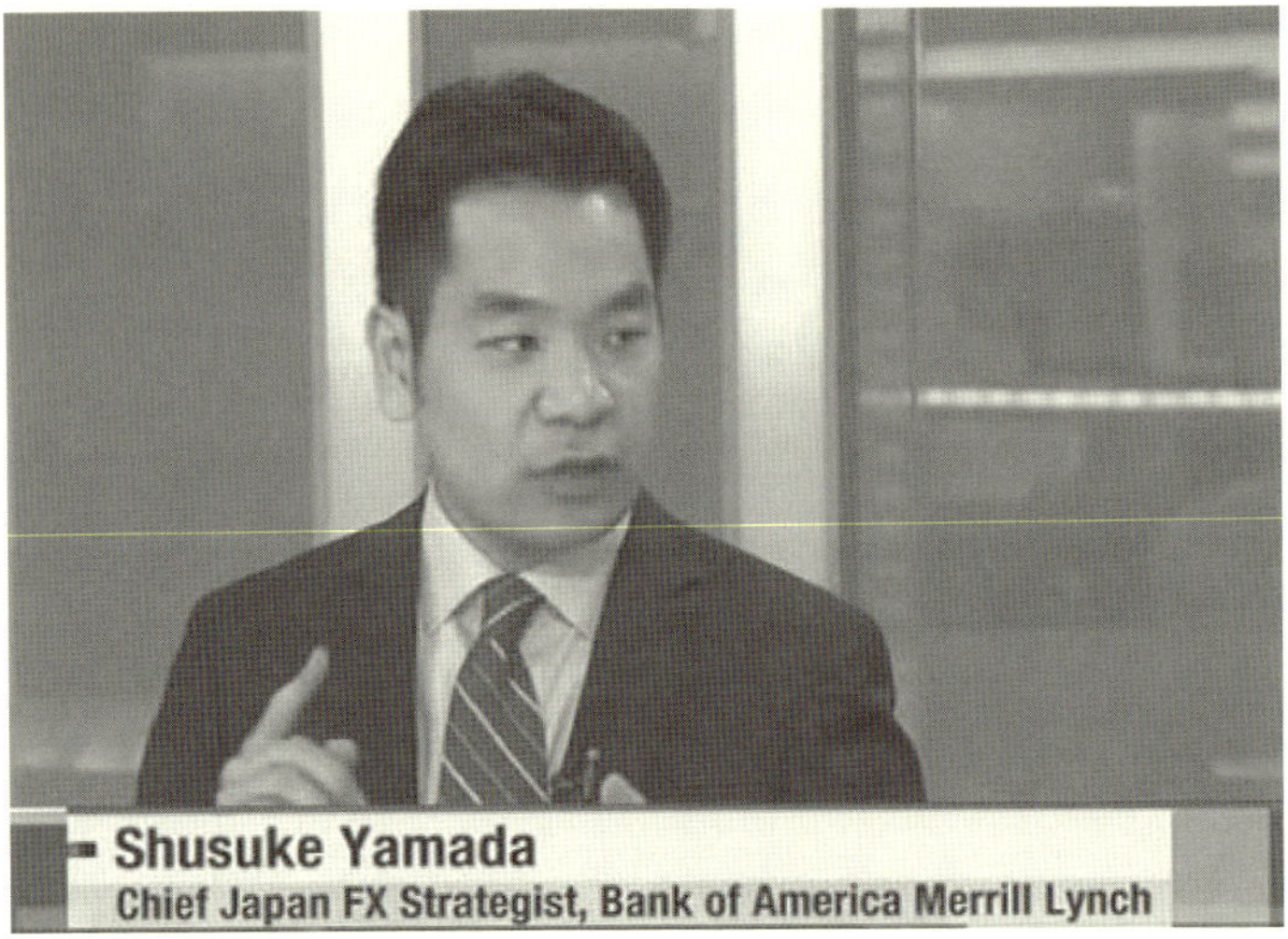

っていても埒が明かないと思い、もう1つの専攻として経済の勉強も始めました。当時はリーマンショックの前だったので、ウォール街は学生の憧れでした。そこで、金融工学や統計など、ファイナンス関係の勉強もしました。

とはいえ、物理の勉強もやはり面白かったです。MITらしい授業として印象に残っているのが、相対性理論と宇宙物理学（アストロフィジックス）を組み合わせた授業です。相対性理論は理論的ですが、宇宙物理学は実験やオブザベーショナルな学問で、それを合わせることで理論を面白くするのです。物理は宇宙の根源となる学問だと感じました。

MITの4年間を振り返ってみると、勉強ばかりでした。みんながするから、自分も勉強しなくてはいけないという雰囲気になるのです。このときに徹底的に鍛えられたので、今でも、学問系のことは英語で考え、金融レポートは英語で書きます。もちろん文法などは間違えるのですが、思考力としては英語のほうが高いようで、日本語で書くと違う文章になってしまうのです。

半年早く卒業して就職

3年の冬とその後の夏は、金融機関（UBSの東京オフィス）でインターンシップをしました。その頃から金融に行くことを考えていて、お金もないし、早く働こうと思っていたのです。

就職が決まったのは4年生が始まってすぐの10月頃。2月に卒業証書をもらい、4月からゴールドマンに入社。その後すぐに辞めて、スタンフォード大学の大学院に進学しました。経済や政治についてもっと学ぼうと思ったのです。会社を辞めてから大学院に入学するまで少し時間があったので、その間は、日本で議員秘書も経験しました。

大学を人より早く終わらせることは、日本人特有のいい意味での焦りだった気もします。僕にとってはある種の勲章のようなものでした。というのは、MITでは競争が厳しかったからです。成績は相対評価ですし、就職においても重視されます。

個人的な見解ですが、MITの学生は競争意識が高い一方で、想像力に欠けているきらいがあります。おそらくエンジニアリング系なので、枠組みにはまった中で出世していくタイプが多いのでしょう。卒業して10年くらいして見ると、MITの出身者のほうが他のトップ校の出身者よりも明らかに出世しています。一方、新しく事業を立ち上げるのは、ハーバード大学やスタンフォード大学の卒業生が多いような気がします。

スタンフォード大学の大学院で修士をとった後、カリフォルニア州で3年ほど働きました。シリコンバレーのメンローパークに金融が集まっている地区があり、スタンフォード大学の教授にヘッジファンドの会社を紹介してもらったのです。

その後は日本に戻って、金融機関でストラテジストとして、仕事をしています。今後、金融市場で名を馳せる所存ですが、最終的には石川県に戻って、地元のために役立つことをしたいと思っています。

MITを目指す人へ

僕は普通の公立高校で勉強し、もちろん人一倍の努力はしましたが、それでも入ることはできました。入ってからも、それほど思い描くほどの難しさではありません。もちろんすごい人もいますが、普通の人もたくさんいるし、挑戦すれば、それだけ身につきます。誰でもそういう素質は持っているので、そこは挑戦してほしいと思います。

僕はアメリカの経験がなかったので、文化に溶け込むのはたいへんでした。いろいろな人に会って、発言するというのは、自分でこなさなくてはなりません。ただ、ＭＩＴの４年間があったから、その後のスタンフォード大学やアメリカで就職したときの吸収力は加速度的に上がったと思います。

海外に行きたいという志があるなら、早めに始めたほうがいいと思います。

column

MITのキャンパスライフ（学生寮）

MITの学生は、どんなところで暮らしているのでしょうか。

MITでは1年生は全員、寮生活が義務付けられています。寮の交友関係は大学生活の大きな部分を占めるので、オリエンテーションのときに自分に合った寮を探し出すのも大切です。ハックで有名な寮、イーストキャンパスでは、全フロアを回るツアー日があり、フロア別にさまざまなイベントを見て参考にすることができるそうです。

パーティー好きな寮、勉強をする人の多い静かな寮、アジア人の多い寮など、寮によってカラーがかなり違うとか。臼井小春さんによると、キャンパスの東側の寮は、中庭に木製ジェットコースターをつくったり、部屋の中にパイプ製のロフトをつくったり、自分の好きなことに没頭するタイプが多く、西側の寮はキャリアをきちんと考えているタイプの人が多く住んでいるそうです。ただし、同じ寮でも建物やフロアごとにカルチャーは異なっています。パーティーをしたり、遊んだりするのもフロア単位のことが多いそうです。

2年目になると、学内の寮に住み続ける人は少数派で、70～80%は学校の近辺にあるフラタニティ（男子寮）、ソロリティ（女子寮）、シェアハウス、アパートなどで暮らします。

フラタニティやソロリティは、ファイ・ベータ・カッパなどギリシア文字を使用する「グリーク・システム」とも呼ばれる社交クラブで、お酒を飲まされるなどの特別な入会の儀式があることで知られています。全米規模のシステムなので、他大学にも同じ理念を持ったハウスがあり、近くに行くときには互いに見学に立ち寄るなど、交流もあるそうです。

ＩＬＧ（インディペンデント・リビング・グループ）は全米システムではなくＭＩＴ独自のもので、学生たちでハウスをシェアします。宮崎光さんの話では、こうしたハウスに入るときには、面接という堅苦しい形ではなく、ラッシュという期間にご飯を食べに来るよう誘い、メンバー全員と会うようにするそうです。それで、相性がいいと思えば、最後はハウスのメンバーで話し合い、一緒に住みませんかと声をかけます。お互いに希望が合えば入居する運びになるのです。

門利暁さんによると、フラタニティの費用は洗濯、光熱費、夕食（日曜〜木夜）、パーティー代などを含めて半年間で３０００ドル。ＩＬＧはハウスによってさまざまですが、一番安いという北川実萠さんの場合は、食費込みで１３００ドル。いずれも、掃除や料理はみんなで持ち回りで担当し、すべて自主管理しているので、学内の寮よりは安く上がります。

学部時代は宿題漬けの生活、理解力を伸ばす大学院時代

佐藤《さとう》 翔《しょう》
2007年 航空宇宙工学科卒業。2008年 修士号を、2012年 博士号を取得。小~中学校をフランス、スイスで過ごす。日本の高校を卒業後、MITへ。現在、シアトルにてボーイングに勤務。

MITの入試は英語のテスト結果は重視しない?

一般的にMITと聞くと、国が違う、言語が違う、敷居が高いというイメージがあるのではないでしょうか。日本の高校生が海外の大学に進学するのは特別なこと、そう思われる方が多いかもしれません。僕の場合、父親の仕事の関係で、小学校1~3年はフランスのパリ、高学年は日本、中学校はスイスのジュネーブ、高校は日本というように、交互に海外生活を

送りました。そのためか、異文化に対する心の敷居はもともとかなり低く、海外の大学への進学も幅広い選択肢の1つとして見ることができました。

大学では航空系の勉強をしたいと思っていました。もともと飛行機が好きだったということと、亡くなった祖父が、飛行機の整備関係の仕事に就いていたと聞いていたので、それが頭の片隅にあったのかもしれません。すでにヨーロッパには行ったことがあったので、せっかくなら航空分野に強いアメリカを見てみようと、アメリカの大学を何校か受けることにしました。

日本の大学を受けなかったのは、海外生活が長かった分、古典や歴史などが苦手で、センター試験のように幅広い分野をカバーするのが難しいと思ったからです。さらに航空工学科のある大学は名門大学が多く、難易度が高かったのです。そこで日本の大学受験は捨て、受ける科目が少ないアメリカの大学に絞ることにしたのです。

MITは難関と聞いていたので、本気で入れるとは思っておらず、いわば記念受験的な気持ちで受けていたのですが、運よく受かることができました。ジョージア工科大学などにも合格しましたが、夏に英語の特別クラスに来るように、という条件つきでした。

日本の大学を受験しないと決めた後は、高校2年生から英語の勉強に力を入れていました。TOEFLのスコアはCBT300点満点で273点。当時合格最低ラインが250点だったので、とりあえず目標が超えられて安心したのを覚えています。TOEFLは留学生のみに必要なテストですが、それ以外にSATというアメリカ人の学生がとるセンター試験がありま す。これは英語と数学の2科目で、数学は中学校で習う程度の内容の問題しか出ないので、日本の理系の進学希望者は満点がとれないとまずい、と言われています。そこではまったく差がつかないので、SATの英語が鬼門となります。これは、アメリカ人のネイティブが受けて平均点が800点満点中500点くらいになるように設計されています。選択肢も問題もすべて知らない単語だらけということもあり、かなり難しいのです。アメリカの大学ではこれら試験の他に、志望動機を書いたエッセイや、学校の成績、担任の先生からの推薦状なども審査されます。僕の印象では、MITは学校の成績と書類選考で提出したエッセイを重視しているようでした。英語力を問題視して特別クラスを受けるよう指示があったジョージア工科大学とは対照的でした。

学部時代は宿題漬けの生活

MITに行ってみて刺激的だったのは、著名な教授陣が揃っていることでした。たとえば、マーク・ドレラ教授は人力飛行機や航空設計の分野では非常に有名な方で、日本でも鳥人間コンテストに参加している方なら、ご存知の方も多いかと思います。そういった有名教授の下で勉強ができたのは、後から考えると貴重な経験だったと思います。

ただ、正直な感想として、授業内容に関しては日本の方が進んでいるように感じました。日本の学生の方々は、すでに高校で微分積分などの高度な内容を履修しており、それを前提に授業が組まれているのに対し、アメリカでは、高校で微分積分を学んでいない学生もかなりいるため、スタート地点がかなり後ろになるのです。一学期にとる授業の数も日本の大学の方が圧倒的に多く、そういった高度な授業をしっかり学んできた日本人の大学院生の方々は、こちらに来ても非常に優秀だと感じます。

唯一、ＭＩＴの学部生が誇れる部分は、学生が皆、真面目に宿題をやることです。僕の経験したＭＩＴの授業では宿題が成績の５～６割を占めるものが多く、毎週膨大な量が出るので、常に追い込まれていました。そんな大量の宿題を前にしても、学生が（文句を言いながらも）真面目に宿題をやって来る環境は、自主性に任されるとサボりがちな自分にとって、モチベーションが上がる素晴らしい環境でした。

学部時代の寮生活も、勉強や宿題をするにはもってこいの環境でした。いつも４人くらいで集まって宿題をして、お互いわからないところを教えあったりしながら学べたのは本当にいい経験でした。集中力が切れてみんなで遊んでしまうことはあっても、ＭＩＴの学生は誰

かの解いたものをそのまま写したり、ノートを回すということはなく、生真面目に自力で解こうとする姿勢にはいつも感心させられましたし、良い影響を受けました。

宿題自体は特別に難しいことをやるというよりも、基礎をしっかりと叩き込むことを念頭につくられているように感じました。大体いつも5問ほどの設問があり、それを解いて紙に書いて提出する形で、航空関係では、根本的な物理、構造、流体力学など、手で式を解かせるものが大半でした。ただそれとは別に、実際に飛行機を設計して飛ばすような応用的なものもあり、楽しみながら学ぶことができました。宿題をみっちりやれば、教えられたことがしっかりと身につくので、短期記憶で詰め込んで期末テストを受けて単位をとる授業よりも為になるように感じました。

理解力を伸ばす大学院時代

ＭＩＴの理学系の学部などは、学部から直接同じ大学院に進むことは少ないのですが、工学系はそうでもありません。僕はすでに知っている教授の下で勉強を続けたいと思っていたので、学部を卒業後、そのままＭＩＴの大学院に進学しました。

ＭＩＴの航空工学科の場合、博士課程をとるには、修士号を取得することが最低条件になります。ちなみに、一般的な在籍年数は、学部４年、修士２年、博士３年ですが、アメリカの大学では在籍年数に細かい既定はなく、必修科目と単位が足りていれば２年や３年で卒業しても構いません。僕の場合は学部が３年半、修士が１年半、博士が３年半で、日本の感覚では速習のように見えるかもしれませんが、こちらではそこまで特別ではないように感じました。また専攻する学科も１つに限定されず、物理と数学、政治学と航空工学など、好きなコンビネーションでとることもできます。

大学院生になると、学部時代と違う点がいくつかありました。たとえば、航空工学科の場合は大学院に受かると、ＲＡ（リサーチ・アシスタント）やティーチング・アシスタントとして、先生に雇われて給料をもらう体制になっているので、経済的にだいぶ楽になりました。学部時代にも奨学金制度はあるのですが、親の収入で決まるため、僕は学費の一部や生活費を親に負担してもらっていました。

大学院では、授業の内容や求められることも変わってきます。さまざまな知識に加え、理論の根本的な理解力が求められるようになります。見たことのない問題を出されても、基礎知識と根本的な理解力である程度まで解けるような能力を伸ばしていきます。

また、授業とは別に、院生はそれぞれ、さまざまな研究プロジェクトに携わります。僕の所属していた研究室では、そのほとんどが企業から依頼された実用的な研究でした。大きなプロジェクトの場合、学生が3〜4人入ることもありますが、基本的にだいたいが1人できる大きさのプロジェクトがメインでした。いろいろなことを知っている企業の方と一緒にプロジェクトをやるのはとても有意義で、授業とはまた違う応用面を学ぶことができました。

僕のいた研究室は総勢15人程度で、MＩＴでは平均的なサイズだったと思います。外国人留学生が多く、僕が所属していたときは、アメリカ人は3人、ドイツが2人、フランスが1人、カナダが2人、中国が1人、そして日本が1人という構成でした。一般的には、アメリカ人学生がもっと多い構成だと思います。

研究室の仲間たちとは卒業後も再会する機会がよくあります。就職先やその後の拠点が違っていても、分野が同じなので、学生時代にやった研究に関して「うちの企業で使うことになったから」というような流れで、連絡を取り合ったりしています。

その後、僕はシアトルにあるボーイングに入社しました。ゆくゆくは日本に戻って飛行機の仕事をしたいという想いもあったのですが、その前に、アメリカ企業に入って、アメリカの航空産業がどのようなものかを見ておきたいと思ったのです。

外国人がアメリカに残って、国策産業である航空産業に入ろうとすると、法律的に非常に厳しい制約が課されます。修士レベルでは、アメリカの優秀な学生との競争には勝てません。そのため博士課程で専門知識を身につけ、それを売りにして就職活動をする必要がありました。僕が博士課程に進学したのも、そういう理由からでした。

ボーイングでの所属グループは、外国人はエスコートを付けないと回れない建物内にあるので、普段仕事をするオフィスは別のところに用意してもらい、グループ・ミーティングのときだけエスコート付きでその建物に入る、といった外国人ならではの苦労もありますが、仕事は充実しています。

ただ、シアトルは住み慣れたボストンに比べると車の移動が多いので、ボストンの生活環境が少し懐かしいです。人が多すぎず、どことなくヨーロッパの雰囲気が漂う街並みや、コンパクトにまとまっていて交通の便がいいところが、かなり気に入っていましたから。

MITを目指す後輩へ

英語はかなり勉強していったつもりでしたが、それでも始めの2年ほどはコミュニケーションがとれずに苦労しました。理系の場合、数学や数式は万国共通なので、授業は案外ついていけるのですが、日常会話が難しかったです。そういったところは覚悟が必要だと思いますが、その期間を乗り切れば、かなり楽になると思います。

ＭＩＴには、世界中から優秀な人が集まっています。自覚はなかったのですが、ものすごくアクティブで優秀な人が周囲にいることで、知らず知らずにプラスの影響を受けていたかもしれません。大学に行っても意味がないと考えている人もいるかもしれませんが、僕はＭＩＴに行ったことで、本当にいろいろと学べてよかった、自分の為になった、成長できたと、心の底から自信を持って言えます。

ＭＩＴはすごい、たいへんだという精神的な障壁を取り払えれば、チャレンジして得るものは大きいはずです。進路は日本の大学だけでなく、海外にだってあります。ＭＩＴもその1つとして頭に入れてもらえると嬉しいです。

column

ただの尖った建物だけではない――ＭＩＴヘンジ

ＭＩＴのキャンパスの名物の１つは、「インフィニット・コリドー（無限の廊下）」。２６１メートルに及ぶ長い廊下です。東から西キャンパスに行くのに便利で教室も多いので、みんながよく通る場所です。

この廊下、実は1年のうち11月11日近辺と1月下旬の数日間だけ、夕日が廊下の延長線上に来ることがあります。イギリスにある石の遺跡、ストーンヘンジになぞらえて「MIThenge」と呼ばれる現象です。こうしたところにも、ＭＩＴ流の遊び心が垣間見えるようです。

インフィニット・コリドーは長くて目立つので、さまざまな「プロジェクト」にうってつけです。たとえば、コリドーにテープを張って嘘の道案内をしたり、募金イベントで集めたクオーター硬貨をずらっと並べたり、いろいろな工夫が凝らされるそうです。

コリドーの真ん中にはロビー10というスペースがあり、毎日のようにパネルが設置されて、いろいろな説明があったり、イベントの宣伝告知があったり、チケットやグッズが販売されたりします。学生たちは通りがてら、情報収集をしていきます。

神田駿先生によると、他の大学では建物がバラバラと点在しているのに対して、ＭＩＴは「Under One Roof」の下に集約されており、それだけコミュニティも濃密になるそうです。

象牙の塔ではなく、社会とつながった研究生活を求めて

遠《えん》藤《どう》 謙《けん》

コンピュータ・サイエンス専攻。２０１２年 博士号を取得。

２００３年 慶応義塾大学大学院修士課程修了後、ＭＩＴへ。２０１２年 MIT Technology Review 誌で35才以下のイノベータ35人に選出される。現在、ソニーコンピュータサイエンス研究所研究員および Xiborg 代表取締役。

ロボット義足をつくりたい！

私は沼津出身で、県立高校から慶應大学に進学し、そのまま同大の大学院で歩行ロボットの研究をしていました。子どもの頃から、プラモデルなどモノをつくることが好きで、ロボットは面白そうだという気持ちで始めたのです。

ところが、博士課程１年目の２００４年、「義足をつくろう」と思うようになりました。

高校のバスケット部の後輩が骨肉腫というガンを患い、膝の手術を受けたのです。闘病生活を送り、その後、義足をつけるようになった彼の姿を見るうちに、「彼の足をロボットでつくってあげたい」とシンプルに思ったのです。

ところが、人間の歩行は、ロボットの歩行技術とは、まるで違っていました。たとえば、ホンダの二足歩行ロボット「アシモ」の足をつけて、人間が歩けるかどうか想像してください。おそらく、うまくいかないでしょう。というのは、足の運び方も、動かし方も、重さもまったく違うからです。歩行ロボットの場合、どうすれば転ばない足の運び方ができるのかという観点で、重心の位置から足を付ける位置や動かし方を考えます。人間は筋肉の腱が柔軟に伸縮し、非常に効率よく歩くようにできています。もともと転ばないように身体の仕組みができていて、無意識のうちにそれを活用しているのです。歩行ロボットを義足に応用するには、大きな距離があることを実感しました。

そんな折、２００４年秋に仙台で行われた国際学会で、ＭＩＴのマルコ・ホホビックさんとラス・テドレイクさんからロボット技術を使った義足の研究をしているヒュー・ハー先生のことを聞く機会がありました。

ハー先生はもともとロッククライミングで有名な選手でしたが、17歳のときに凍傷で足を失いました。もうロッククライミングは続けられないと宣告される中で、自ら自分の足をつくり出し、ロッククライミングを再開したのです。しかも、義足で臨んだ大会で、健常者のときよりも良い記録を出したのです。

足を失っても、健常者よりも機能が下がるどころか、自己記録を更新できる！　これは本当に驚きでした。義足は「足のない人がつける可哀そうなもの」ではなく、「ワクワクするもの」「自分の足をつけ変えて楽しめるもの」になる可能性を秘めていたのです。ぜひこの先生の研究室に入って、ロボット義足の研究をしたいと思いました。

準備期間はたったの2ヵ月……

そう思い立ったものの、ＭＩＴの願書締め切りは12月15日に迫っていました。それまでに2ヵ月しかなく、ほとんど受験準備はできませんでした。

それでも幸いにも、2月に合格通知が届き、3月にビジット・ウィークエンドという新入生のイベントに参加しました。ハー先生の研究室が第一希望で、事前にもアプローチしていたのですが、ＲＡ（リサーチ・アシスタント）として雇ってくれるかどうかは、この時点ではまったくわかりませんでした。実は、ハー先生はコンピュータ・サイエンスからメディアラボに移るという話があり、どちらに席を置くことになるかわからなかったため、僕はコンピュータ・サイエンスとメディアラボの両方を受験していました。どちらも受かっていたので、コンピュータ・サイエンスで他の先生につく、メディアラボでも他の先生につくなど、いろいろな選択肢があったのです。そこで、いろいろな先生方と会って、自分はこれができるとアピールしました。5月頃、3つの研究室からRAのオファーをいただき、念願のハー先生の研究室に行けることになりました。

日本にいるときはわからなかったのですが、実は、MITではある学科に席を置きつつ、違う学科の研究室に所属しても構わない、という柔軟なやり方をとっていました。ハー先生に相談すると、「コンピュータ・サイエンスの方がきちんと学問を勉強できるから、こちらに来なさい」と言われたので、EECS（電気工学とコンピュータ・サイエンス）で学位取得のための勉強をし、研究室はメディアラボに所属することになりました。

畑違いの専門分野で四苦八苦

こうして念願の義足ロボットの研究ができることになったのですが、MITでの学生生活は順風万帆とは行きませんでした。入学当初、授業に全然ついていけず、必死に頑張ったのに初年度の成績はすべてBだったのです。それまで機械工学で学んできた僕にとって、専攻

の違うコンピュータ・サイエンスの勉強は非常に難しかったのです。
その上、コンピュータ・サイエンスでは、2年以内に専門科目の授業4つのうち3つ以上がAでなければ、大学に残留できない決まりになっていました。初年度の成績がすべてBということは、2年目にとる授業ですべてAをとらなくてはなりません。それは僕にとって至難の技でした。絶望もしましたし、プレッシャーのあまり突発性難聴を患い、右耳が聞こえなくなったほどでした。
精神的に追い詰められていた僕に手を差し伸べてくれたのが、コンピュータ・サイエンスのトップだった故セス・テラー先生でした。「君がこの学科にいるということは、われわれは君がこの大学にふさわしいと思ったからだ。君は機械科だったことは十分特別な措置を与える理由になる。1年猶予を与えるから、まずは学部の授業から受けたらどうか」とアドバイスをしてくれたのです。

その後、1年をかけて学部生の授業を受け、基本知識を学び、時間をかけて大学院到達レベルまでの勉強をしました。その結果、3年目に受けた専門授業でAをとり、無事に大学院に残ることができました。

象牙の塔ではなく、社会とつながった研究生活

僕は結局、7年間MITに在籍したのですが、そのうちの6年間はDラボで、インドの人々と一緒に現地の人向けの義足をつくるプロジェクトに携わることになりました。Dラボに参加したのは、もともと別の人のサポートをするためだったのですが、その後、その人がMITを離れることになり、後を引き継ぐ形で、学生向けの授業のインストラクターを務めました。

Dラボの活動は、すごく貴重な経験でした。実際に途上国に行ってモノをつくるというのは、座学で学ぶのとはまるで異なるからです。モノをつくる場合、どんな材料が使えるか、

現地の人の収入はいくらか、いくらまでなら払えるのかというように、制約条件を探すところから始まります。日本であれば、同じ環境で育っているので、だいたいの検討はつきますが、途上国ではそうはいきません。これは、モノづくりで一番大事なところで、座学では絶対に経験できないことだと思います。

メディアラボに身を置いたことでも、日本の大学とはまったく違う経験ができました。メディアラボでは、いろいろな国のスポンサーに対して、年2回オープンハウスを開きます。そこで、学生はデモンストレーションをしたり、研究発表の場が与えられるのです。チームで発表することもありますが、ほとんどの人が個人でも研究活動をしているので、1人につき1ブースを持ち、スポンサーである企業に対して説明責任を果たさなくてはなりません。僕がいた当時、メディアラボには200人くらい学生が所属していたので、当日は200近いブースが出て壮観でした。

ただひたすら研究をすればいいアカデミックの立ち場とは違って、社会との接点を持ち、外部の人に年2回、「自分の研究は社会に対してこんな意味がある。将来的にこういう夢がある」と、説得力を持って説明しなくてはならないというのは、非常にハードワークでした。しかし、実際、スポンサーミーティングの前日は、みんな夜中まで準備に追われていました。しかし、ピザが振る舞われ、みんなで苦楽を共にする一体感もありました。その後、僕がアカデミッ辺倒ではなく、社会寄りの目的を持ち、自ら起業することになったのも、このときの経験があったからだと思っています。

3つの義足分野で夢を実現したい

現在は、ソニーコンピュータサイエンス研究所でロボット義足の研究をしながら、Ｘｉｂｏｒｇ（サイボーグ）という会社も立ち上げ、世界最速の競技用義足の開発に取り組んでいます。

実は、ＭＩＴで博士課程を取得後、海外でも就職活動を行い、いくつかオファーももらっていました。僕は、ロボット義足、途上国向け義足、競技用向け義足という3つの分野に携わりたいと思っていました。どの就職先も3つの分野のどれかに集中していましたが、僕にとっては、ただ制約条件が違うだけで、本質的に同じことをやっていると思っていたのです。するど、慶應の大学院生の頃に共同研究をしたことのあるソニーコンピュータサイエンス研究所所長の北野宏明さんに声をかけていただきました。そして3つの義足の分野に携わることに、理解を示してくれたのです。

兼務することも許されたので、2014年に、元アスリートの為末大さん、イギリスでデザインとビジネスを学んだ杉原行里さんと3人で、Xiborgを起業しました。2020年に東京で行われるパラリンピックに向けて、義足ランナーが健常者を上回る記録を出せるような義足づくりに取り組んでいます。

MITを目指す方へ

僕がした苦労は、他の人がしなくてもいい所があったかもしれませんし、留学は人それぞれ違う体験になると思います。ある人がこんな経験をしたから、絶対に楽しめるということは保証できません。実際に、残留できずに途中で帰っていく人もいるので、行ってしまえば何とかなるとも言い切れません。

ただ、そういうことをすべて理解したうえで、それでも、安易に考えてみるといいのかなと思います。どうにもならないことが起こるかもしれないけれど、それでも行きたいと思うなら、ぜひ頑張ってほしいです。やはり、日本では味わえない出会いや経験ができる可能性があるからです。自分で責任をもって、自分で決める覚悟を持ちつつ、なおかつ楽しめればいいと思っています。

column

Dラボ

MITのDラボ（D-Lab）は、学生のための研究プログラムです。

DはDevelopment（開発）through Dialog（対話）、Design（デザイン）and Dissemination（普及）を表し、途上国で技術開発を通して支援することを理念としています。ただ開発した技術をそのまま渡すのではなく、地元の人々と一緒に開発し、彼らが自立して貧困から抜け出せるようにすることを目指しているのです。

Dラボは独立した学部ではないので学位はとれませんが、専属スタッフが在籍し、10以上の授業を受け持っています。学生は学部を問わず、だれでもそうした授業をとることができ、単位として認定されます。たとえば、遠藤謙さんはメディアラボでロボット工学を用いた義足を研究する傍ら、Dラボでは講師として、インドなどで安いけれどもクオリティの高い義足をつくる授業を担当されていました。

Dラボが扱っている研究分野は、農業関係、医療関係、衛生管理などさまざまです。たとえば、農作物で廃棄されるようなものをつかって固形燃料を簡単につくる装置を安価につくる課題に取り組みます。地元の人が実際に従事して、自らお金を稼ぐことができ、一番貧困の解決につながりやすいこともあって、特に農業関係のプロジェクトが充実しています。

Dラボの最大の特徴は、授業だけでなく、実際に現地の人々とコンタクトを取って、プロジェクトを行っているところです。このため、遠藤さんの担当しているDラボの授業をとると、学期の始まりとともにプロジェクトに参加し、それと並行して座学で勉強します。各プロジェクトは学生2～3人で担当します。テストがない代わりに、ファイナル・プロジェクトが単位取得の条件となります。現地の人とコミュニケーションをとりながら、開発を進め、マーケティングも行い、最後に発表までもっていかなくてはならないので、学生にとってはなかなかたいへんです。

フィールド・トリップは学期中に実施するのは難しいので、夏や冬の休暇期間を利用します。Dラボの活動はアメリカ政府や財団から助成金を受けているので、フィールド・トリップの渡航費や滞在費などはMITが支給します。学生は食費や航空券の一部を負担するだけで、南米やアフリカなどさまざまな国で経験を積むことができるのです。

フィールド・トリップの際に、学期中に開発したプロトタイプを持っていくと、たいてい現地で「これでは使えない」とダメ出しをされ、現地の人と一緒にデザインをやり直すことになります。上から押し付ける形の意識改革ではなく、共同活動を通じて、学生も現地の人々も一緒に成長していくというところが、Dラボのユニークな点です。

歴史をつくるために

桑《くわ》田《た》 良《よし》昭《あき》

航空宇宙工学専攻。2003年 修士号を、2007年 博士号を取得。

小学生時代に3年強を上海・北京で過ごす。東京大学工学部航空宇宙工学科を卒業後、MITへ。無人ロボットカー・レース「DARPAアーバンチャレンジ」にも参加。NASA JPLを経て、現在、スペースXに勤務。

アメリカの理系大学院はお金がかからない？

私は小学校2〜5年まで、父の仕事の関係で、中国で暮らしていました。飛行機に乗る機会もあり、キャビン・アテンダントさんに飛行機の模型をもらったのがきっかけで、空に興味を持つようになりました。雑誌に載っているスペースシャトルや宇宙ステーションの記事にも心惹かれました。小学生のときに担任の田岡稔先生から「君は将来NASA（米航空宇宙局）で働きなさい」と励まされたことも、心のどこかに引っかかっていたのでしょう。だから進路を決めるときには、航空宇宙工学科のある東京大学を選びました。

その後、留学してみたいと本気で思うようになったのは、大学3年生のときです。当時の東京大学総長だった蓮見重彦先生が、東京大学の国際的認知度を高めるためにUTフォーラムを開きました。第1回はMITで開催し、学部生も15人程度、同行が許されたのです。掲示板に張り出された告知を見ると、交通費や滞在費も支給されるとのことで、それならぜひ参加してみたいと思いました。

現地ではMIT日本人会の人々と会食の機会があり、いろいろと話を聞きました。「留学費用はいくらかかるか」と聞くと、「特に研究をやっている理系大学院はお金がかからない」と言われ、それならトライしてみようかと思いました。4年生になると、すぐに受験の準備を始めました。

とはいえ、本当にMITに行けるとは思っていなかったので、東京大学の院試も受けました。東京大学では、手づくりの小型衛星など面白い研究をしている中須賀真一教授の研究室に入りたいと思っていました。

アメリカの大学はMIT、スタンフォード大学、ミシガン大学を受けて、3つとも合格し、興味のある教授が複数いて航空宇宙学科でアメリカのランキング1番のMITに進学することにしました。中須賀研ではスタンフォード大学の教授と協同研究をしているなど、スタンフォード大学との親交があり、同校に留学する人もいましたが、ＭＩＴに行く人はいませんでした。それなら、知らないところに行ってみようという思いもあったのです。

東京大学の大学院にも受かっていたので、中須賀研に半年ほど在籍し、「CanSat」という高度４千メートルまで打ち上げてパラシュートで落下、回収するプロジェクトに参加しました。打ち上げはネバダで行ったのですが、私はそのままアメリカに残って、ＭＩＴに移籍し、留学生活に入りました。

専門家になるために、なぜアメリカがいいのか？

実は、留学したいと強く思った理由の１つには、アメリカは授業をみっちりやるので、専門家になりたいならアメリカの大学の方がいいと、日本の教授から薦められたからです。日本の大学の授業は専門科目になるほど難しくなり、わかる先生の授業はわかるけれど、わからない先生の授業は本当にわからないのです。そのまま大学院に行っても、何も身につかないのではないかと心配でした。

アジア全般に言えることだと思いますが、何かを説明されたけれどもわからなかったとい

う場合、聞き手の理解度が足りないと考える傾向があります。これに対してアメリカでは、それは説明する側に問題があり、説明が悪いからだと考えます。

たとえば留学中に、自分の論文に対して、勘違いしているレビュアーから辛辣なコメントをもらったことがありました。そのとき、先生から「このレビュアーに勘違いさせる書き方をした我々に責任がある」と指摘されたのです。相手にわかってもらえるように書くこと、説得力を持って情報を伝えることの大切さを実感しましたし、先生の講義ノートがものすごくわかりやすかったのも印象的でした。

軍関係のプロジェクトに参加

留学後は、まず英語で苦労しました。アメリカに行けば、3ヵ月くらいで何とかなるだろうと高をくくっていたのですが、その考えにはやはり無理がありました。最初は本当につらい思いをしました。

その一方で、アメリカの学生の質はそこまで高くないとも感じました。上位1〜2割は本当に突き抜けているのですが、平均的に見ると、それほど粒が揃っていないのです。大学院の1年生でも、僕らが学部で習ったことを知らない人たちがいました。とはいえ、自分の方が広く浅く習っているけれども、MITの学部生よりも定着度が低いと思う場面もありました。博士課程に行くときの院試では、学部時代の宿題などを見せてもらって、勉強をやり直しました。

MITでは、1コマ3-0-9と言われています。3というのは授業の時間（1時間半の授業が週2回）、0はラボ、9は宿題が9時間分あるという意味です。それを2コマとると、週に24時間は授業と宿題で忙殺されます。学部生は通常、4〜5コマとるので、ほかに何もできないわけです。MITの大学院生はRA（リサーチ・アシスタント）として教授の研究を手伝ってお金をもらうので、1学期にとれる授業は2コマ程度です。なるべく早く宿題を終わらせて、残りの時間を研究に当てるようにと言われました。

日本であれば研究所が手掛けるサイズのプロジェクトに、アメリカの大学では参加することができます。それも、アメリカの大学院を志望した理由の1つでした。僕が経験したプロジェクトは主に軍関係で、無人航空機の知能化の研究などでした。ある実験では、T33という2人乗り飛行機にオートパイロットをつけて、自分たちの書いたアルゴリズムを試すことができました。当時の日本の研究室はシミュレーションが中心だったのですが、模型飛行機にオートパイロットを乗せて自動操縦させるなど、実際のハードを使ってモノを飛ばすのは、非常に面白かったですね。無人自動車のプロジェクトにも携わり「DARPAアーバンチャレンジ」という無人ロボットカーのレースにも参加しました。

NASAを目指して就活大作戦

MITには結局、修士、博士、ポストドクターと、全部で6年半在籍した後、憧れていたNASAジェット推進研究所（JPL）に就職しました。

JPLに行きたいと思い始めたのは、2003年〜04年の頃。タイヤ付きの探査ローバーが打ち上げられ（2003年）、火星に着陸した（2004年）のがきっかけです。そんなことをやっている研究所があるのかと、強く惹かれました。アメリカにいるからには、日本ではできないプロジェクトをやってみたい。日本に帰ったときに、ほかの人が経験していないことをやっておきたい。そんな思いもありました。

しかし日本にいた頃は、航空宇宙分野やNASAで働きたいと思ったとしても、国籍の問題があって不可能に近いと聞いていました。ところが、アメリカに来てみると、NASAにはいろいろな研究所があり、JPLはグリーンカードがあれば、誰でも入れて、仕事の内容に制約がないことを知りました。それで、アメリカで働いている日本人にグリーンカードをとる方法について聞いてみると、会社に入って労働ビザから切り替えて5年くらいかかると言われました。そんなに時間がかかるとすれば、日本に帰るしかないかなと思いました。

ところがその後、大学院の友だちとメールや電話でやりとりする中で、もっと早くグリーンカードをとる方法があることを知ったのです。僕の場合は、自分はアメリカの国益になるのでグリーンカードをくださいと訴える「National Interest Waiver」という方法を使いました。これには推薦状が6～8通必要だったのですが、無人飛行機の研究で知り合った国立研究所の研究者2人からも貰えることになり、1年程度で取得することができました。日本を研究拠点としていたなら、アメリカの国の研究所で働いている人とつながるのは難しかったでしょう。また、JPLに履歴書を送るときも、キャリアフェアの担当者経由では、多数の応募者の1人という扱いになってしまうので、できるだけ志望先の関係者に直接、履歴書を送るようにとアドバイスされました。そこでも、MITの卒業生ネットワークが役に立ち、アメリカの大学に行って良かったと思いました。

新たなチャレンジ「歴史をつくる」

JPLのロボティクス部門で4年半働いた後、MIT時代の友人(イギリス人)から誘われて、スペースXに移りました。それまで、スペースXはロケットや宇宙船について、既存の技術をつくりやすくし、早く安く提供している会社だと思っていました。しかし見学に行って、話を聞いてみると、ロケットを再利用型にすることを本気で考えていることを知ったのです。JPLを辞めた元同僚も、働きがいがあると話しており、JPLとはまた違う魅力を感じました。

特に印象的だったのが、初めてスペースXの人に会ったときに言われた「We are making history」という言葉です。実際に、スペースXのCEOであるイーロン・マスクも含めて、自分たちが新しい歴史をつくっているという気概を持って働いている人々が大勢いました。

傍から見ていても、実際にその通りだと思ったのです。

留学した時点では、このような進路はまったく考えたこともありませんでした。ちゃんとした授業を受けて、学んだことを日本に持ち帰り、日本に貢献したいと思っていたのです。けれども、ＭＩＴで学び、さまざまな人と知り合う中で、「歴史をつくる」という新しいチャレンジにめぐり合うことができました。

ＭＩＴを目指す方へ

自分の辿った道が一番いいと思うからかもしれませんが、僕は留学するなら大学院からいらっしゃることをお薦めします。英語の上達を目指すなら若いうちの方がいいですが、ＭＩＴの学部生は宿題漬けでノイローゼ寸前の状態です。その後でさらに大学院に進学するのは、厳しそうだと思うほどです。

また、研究している大学院生は学費や生活費はほぼカバーされますが、学部生はニードベースの奨学金なので、それなりに裕福だと授業料をフルに払わなくてはなりません。

日本にいずれ帰ろうと思っているなら、日本の大学の教授たちとつながっておくこともいいことだと思います。

第3章

現役生が語る
MITの魅力とは何か

UROPの人気ぶりに驚く

副島《そえじま》 智大《ともひろ》
2013年入学 化学専攻。
高校時代の2011年および2012年に国際化学オリンピックに日本代表として参加し、2年連続で金賞受賞。

化学オリンピックを機に選択肢が広がった

ＭＩＴを目指し始めたのは、高校3年生の秋になってからのことです。私は日本で生まれ、高校までずっと日本で育ちました。進路も海外の大学は考えたこともなく、ずっと東京大学を目指していました。

私が通っていた学校は中高一貫校で、中学のときから科学部に所属していました。顧問の先生の指導のもとで、読売新聞主催で中高校生を対象とした日本学生科学賞の応募論文を書くために研究するうちにサイエンスや研究室は面白そうだと感じたのです。高校生になると、論文コンクールのほかに化学オリンピックにも参加。高校2年生と3年生のときに日本代表として国際大会に出場しました。2011年はトルコのアンカラ、2012年はアメリカのワシントンDCで行われ、私はどちらも上位10％に与えられる金メダルをいただきました。

このうち私にとって転機となったのは、高3の夏に参加したアメリカ大会です。現地にいる間にボストンを訪れる機会があり、MITの大学院に在籍し、化学オリンピックに出場した経験のある先輩に、キャンパスを案内してもらいました。そのときに「ここは勉強するのに面白そうな環境だな」と思ったのです。化学オリンピックに出ていた他の国の知り合いもMITに進学していました。彼らから、いろいろと話を聞けたことも、MIT受験に向けた後押しとなりました。

MITのアドミッションのページを見ると、高校時代にやっておくといいことのリストが載っています。そこに化学オリンピックが挙がっているので、たぶん金メダルをとったことは私のアドミッションにはかなり有利に働いたと思います。ただし、MITに本当に受かるかどうかは不確かですし、受かったとしても奨学金のことなどもあり、本当に留学が実現するかどうかはわかりません。東京大学とMITに合格しましたが、入学時期が異なるため、新学期から半年間は東京大学に通ってみてから、MITに行くことにしました。

ノーベル賞受賞者に教わる魅力

東京大学とMITを両方経験してみて、一番の違いは、授業を受けるうえでの自由度だと感じました。東京大学はシステム上、最初の1年半は教養学部の授業しか受けられません。しかし、MITはそういう制約はなく、1年生のときから3年生や4年生の授業を受けても構いませんし、希望すれば大学院の授業でさえ受講できます。

MITではノーベル賞を受賞した教授から直接教わる経験もしました。たとえば、無機化学の授業は、2005年にノーベル化学賞を受賞されたリチャード・シュロック先生が担当されています。私自身はそれとは違う分野を研究しようとかなり前に決めていたので、そこまで直接の影響は受けていませんが、それでも、その分野を築き上げた本人から直接授業を受けることは、かなり刺激があります。

ほかにも、ノーベル物理学賞を受賞したヴォルフガング・ケターレ先生が、1年生の力学の授業を受け持っていらっしゃいました。これは「recitation」と呼ばれる形式の授業で、普通のレクチャーの補完として、少人数(10人前後)向けに行うものです。

ASEをパスして1年生から専門科目を

MITでは通常、専門の分野を決めるのは1年の終わり頃ですが、私の場合は1年の最初から専門科目の授業をとりました。というのは、MITの必修の授業の多くは、基本的な内容しか扱いません。そこで、ASE（Advanced Standing Examinations）を7つ受けて、全部に合格したからです。

ASEとは、すでに内容を知っている学生向けに行われる試験で、これに合格すれば、その科目の単位を取得することができます。ASEは年に4回（1学期開始直前、1学期の期末、2学期開始直前、2学期の期末）提供されており、事前に申請することで、受験することができます。この制度によって、1年分の単位を最初に取得できたため、1年生のときから3年生向けの化学の授業を受けることができました。

私はもともと先輩に対しても、いろいろと頑張って自分の意見を言う傾向があります。高校時代の友だちからも「お前は図太すぎる」とよく言われました。だから、実験の授業でも私が一番よく発言します。相手が大学院生であろうと、やっているレベルが違ったとしても、同じ化学なのですから、臆することはないと思っています。

今後は、希望するなら大学院生向けの授業をとることもできますし、自分の研究をしたり、ダブルで専攻している物理の授業を増やしたりと、フレキシブルに選べます。そういうところもＭＩＴの良さだと思います。

ＵＲＯＰを活用した研究に没頭

ＭＩＴには、学部生でも研究室に所属できるＵＲＯＰというプログラムがあって、これもＭＩＴの魅力の１つだと思います。私は高校生の頃から大学の研究室に行った経験がありました。東京大学生産研究所の「未来の科学者養成講座」というプログラムに参加したり、化学オリンピックの代表強化訓練の一環で、立教大学や北里大学の研究室で実験をさせてもらったりしたのです。大学院生と一緒に研究するのはどういうことかのイメージもあり、ＭＩＴでもすぐに研究室に入るつもりでした。

私がそもそも化学を勉強し始めた理由は、いい研究がしたかったからなんです。普通は、勉強し始めてから好きになったので研究をやり始めたという人が多いようですが、私はその逆です。まず研究しようと科学部に入り、やっていくうちに知識が足りないことに気づいて、勉強を始めました。勉強とは何かをやるためにあるものだと思います。

このように、もともと研究好きの私にとってUROPは自然なものだとしても、ほかの学生はそうではないのかもと思っていました。東京大学では、私以外に1年生のときから研究室に出入りしている学生は少なかったからです。ところが、入学して最初の週のオリエンテーションで、先輩も先生方もUROPの話ばかりしていたのです。完全に学業生活の中の重要な1パートとなっていて、みんなが積極的に参加することには、本当に驚きました。

研究室に入るときは通常、自分で面白そうな研究を探して、その教授にメールを出して、ここでRA（リサーチ・アシスタント）をやらせていただきたいと頼みます。それで雇ってもらえると、その研究室に所属することになります。

私が現在所属している研究室の先生とは、実は高校時代からご縁がありました。ネットで論文を調べていたときに、その先生の研究論文を知り、内容について何回かメールで質問をしたことがあったのです。そのときの話をすると、先生も私のことを覚えていてくれました。研究室では「自分はこの研究をしているので一緒にやろう」と声をかけられることもあれば、「これは君だけのプロジェクトだから、実験をして、私と一緒にディスカッションして進めよう」と言われることもあります。こうした経験が1～2年生のときからできるのは、MITならではのことだと思います。

UROPではアルバイト代が出ますが、タックスリターンの手続きはたいへんでした。ステート（州）とフェデラル（連邦）の両方に申請しなくてはならないからです。普段はインターナショナルの学生だと意識することはないのですが、こういう手続きになると面倒臭くて、なんで自分はインターナショナルなのか！　と思ってしまいました。

ミュージカルにもチャレンジ

ＭＩＴでは勉強だけでなく、クラブ活動として、ミュージカルのコーラスをやっています。身体を使いながら、英語で何かを表現する活動がやりたかったのです。日本語の場合、人前で自分がどのように話しているかのイメージが沸くのですが、英語では客観的に自分を見る機会がなかなかありません。それで、英語で誰かに伝える経験がしたいと思っていました。

受験した時点では、英語力についてはそれほど心配していませんでした。国際大会に出た経験から、日常会話は何とかできそうだし、化学の会話であれば、多少の困難はあっても意思疎通はできると思っていました。入学して実際にどうだったかというと、授業は問題なかったものの、日常会話はスラングだらけ。何を言っているか、さっぱりわからないこともありました。１年過ごすとだいぶ慣れて、今では特に困ることはなくなりましたが。

ミュージカルを一緒にやる仲間は、他大学の学生や社会人もいます。大きな公演は年２回、

冬と春には小さな公演もあります。公演前は連日3時間以上も練習して、舞台も手づくりでたいへんですが、こういう息抜きがないと、1日中、勉強だけの生活になってしまいます。思い切り歌って、他のことを忘れられる時間は貴重です。最初の公演では船員の役で、セーラー服を着て歌ったり踊ったりしました。コーラスが主体ですが、ミュージカルなので、セリフもちゃんとありました。

私の住んでいる寮の東棟には、MIT的な意味でのハッカーが多く住んでいます。赤や緑などカラフルな髪をした独特の雰囲気の人たちを見かけます。ただし、私のいるのは西棟でフロアも違うので、周囲は普通の学生ばかりです。それでもある友人は自分の部屋で、化学や物理で使う質量分析器を自作しているなど、「尖っているな」と思う人はたくさんいます。

周りに優秀な人がいると、刺激になるし、自分がどれくらいまで目指せるかというイメージが描けるのがいいところです。私はすごい人を見ると、「負けてるな」と思うのと同時に、「頑張れば、あれくらいまで行けるかな」とも思うんです。だから、すごい人に会って刺激を受けることは大切です。ハッカーにしても、いたずらや遊びはするけれど、勉強もするときはしているので、メリハリのつけ方がすごいなと思います。

MITを目指している人へ

何か1つ夢中になれることを見つけることが一番良いと思います。私にとってそれは化学でしたが、人によってはスポーツや芸術かもしれません。夢中になったことを将来やり続けるかどうかは関係ありません。それよりも、夢中になったものにどう向き合っていくか。好きなものと、やらなくてはならないものがあって、その間のバランスをどうとるかが経験として大事だと思うのです。

それから、新しくて面白いことをやりたいなら、日本にいるよりも、MITがお勧めです。いろいろなことにチャレンジできる機会は間違いなく多いはずです。

column

UROP

日本の大学では通常、ゼミに入って研究に携わるのは大学3〜4年生になってからですが、MITでは1年生のときからさまざまな研究室を体験する機会があります。

それがUROP（Undergraduate Research Opportunities Program）というプログラムです。自分が希望する研究分野の研究室を調べて、担当の先生にぜひ働きたいと申し込み、そこで交渉が成立すれば、その研究室で手伝うことになります。しかも、時給が10ドル程度出るので、研究に参加しつつ、ちょっとしたアルバイトにもなるのです。研究室としても手伝ってくれる人がいれば助かるので、学生の教育という目的も果たしながら、人手確保もできる良い制度なのです。

研究室によって内容はさまざまですが、研究の計画作成から、実施やデータ分析、結果の整理など、研究のプロセスを垣間見たり、教職員と親しくなったり、自分の興味や専攻を見極めるための参考にできたりします。担当教官と相談してきちんとテーマを決めてレポートなどを提出すれば、UROPの活動で単位を認定してもらうことも可能です。学期中は宿題に追われて忙しい学生でも、夏休みだけUROPに参加するなど、幅広い選択肢があるのも魅力です。

インタビューの中でも、北川実萌さんは服のように装着できるウエアラブル医療機器のキットの研究、宮崎光さんはデング熱の診断テストの研究、臼井小春さんはコロンビアの住宅プロジェクト、トレント絵里加さんは人間の脳の音処理に関する研究、山田修輔さんは粒子の加速装置であるリニア・アクセラレーターを用いた研究というように、非常に幅広い分野で最先端の研究に関わっていました。

ところで、就労ビザではないのに留学生がアルバイトしてもいいのでしょうか？ 門利暁さんによると、学生ビザでも付属書類をいくつか提出すれば、大学内限定であれば働いても構わないそうです。ちなみに、一番手軽で人気のアルバイトは寮の受付だとか。ただ座って宿題しているだけで時給10ドルをもらえるため、空きが出るとすぐに後続担当者が埋まるそうです。ただし、アルバイトやインターンをすると、確定申告も必要です。副島智大さんも触れていたように、マサチューセッツ州と連邦の両方で手続きをしなくてはならないので煩雑ですが、それをすれば税金が還付されます。そうした周辺的な要素も含めて、日本ではなかなか味わえない経験ができそうです。

夏休みは海外プロジェクトに積極的に参加

宮《みや》崎《ざき》 光《ひかる》

2011年入学 生物工学専攻。高校時代に参加したユナイテッド・ワールド・カレッジ（UWC）プログラムでの留学をきっかけに、米国への大学進学を考えはじめ、MITへ。

高校時代の留学が転機となった

現在、アメリカでの暮らしは6年目になりますが、このことには私自身もびっくりしています。私は茨城県の出身で、帰国子女ではありません。生まれてから高校2年生まで、ずっと日本で過ごしてきました。

高校のときに、ユナイテッド・ワールド・カレッジ（UWC）という経団連が支援している2年間のプログラムを通して、アメリカのニューメキシコ州のキャンパスに留学しました。このプログラムは、70～80ヵ国という多様な国籍の人々が集まって一緒に2年間過ごしながらお互いの国や文化に対する理解を深めようというもの。同じＵＷＣのシステムの学校は香港、イギリス、イタリア、カナダなど世界13ヵ国にあり、経団連を通じて毎年10～15人ほどの日本人学生を派遣しています。

　私が留学した当時、ＵＷＣはそれほど知られていなかったのですが、私の通っていた茗渓学園では毎年、同プログラムに生徒を送り続けていました。茗渓学園は「国際人をつくる」ことを教育の理念として掲げていて、海外留学を奨励していたのです。先輩たちもいろいろな留学プログラムに参加しており、留学するのは特別にめずらしいことではありませんでした。

　ＵＷＣでは友だちにも恵まれ、周囲にはハーバード大学に進学する人などもいて、刺激を受けました。日本の高校にいた頃は医学部を目指していたので、海外の大学へ進学するなんて考えたこともありませんでした。しかし、実際にはアメリカやイギリスの大学へ進む選択肢があることにも気づいたのです。

　夏休みを利用してボストンにカレッジビジットをしてみると、ハーバード大学よりも、ＭＩＴの方が気さくで親しみやすい印象を受けました。前から理系に興味があったので、できれば理系で最高峰と言われるMITに応募したいと思うようになりました。その一方で、日本に戻ることも頭の片隅にあり、アメリカでは滑り止めの大学を受けずに、全部落ちたら日本に帰って受験勉強することも考えていました。

実は、MITに合格した後も、行くかどうかですごく迷いました。日本の医学部に行ってしまえば、一本道での将来が見えている一方で、MITに進学を決めるとなると選択肢の幅が増える分、進路を考え直し、悩まなくてはいけないことがわかっていたからです。まだ自分の将来像を描ききれておらず、自分が本当は何をやりたいのかがわからなく、不安があったのです。

しかし、MITに行く機会のある日本人はそれほどいないと考え、思い切ってチャレンジしてみることにしました。

英語ではだいぶ苦労した

今振り返ると、1年生のときが一番楽でした。というのは、日本の高校と同じような授業ばかりで、日本人にとってはほとんどが復習している感覚で受けられたからです。

その一方で、思っていた以上にたいへんだったのが英語です。日本にいた頃は、英語は得意科目でしたし、入学前にすでに2年間をアメリカで過ごしていたので、それなりにできるだろうと思っていました。ところが現実は、ネイティブと比べて、やはり英語力は弱かったのです。

MITでは1年生が始まる前の夏に、Freshman Essay Evaluationという課題が出ます。2〜3日間というように所定の期間内に指定された読み物を読んで、それについてエッセイを書きます。その採点結果によって、英語力が判定され、英語があまりできない場合（特にインターナショナルの学生が多いのですが）、1学期の文系科目として、バイリンガル向け英語のライティング・クラスでトレーニングを受けなくてはなりません。私も案の定、このクラスをとることになりました。

MITでは、卒業するまでにコミュニケーション・インテンシブなクラスをもう1つとる必要があります。私は、アメリカ人の学生と一緒の「中国の映画やメディアから見た中国」というクラスを選びましたが、とても苦労しました。ただでさえ英語を読むのが遅いのに、授業のたびに本を3冊読むという宿題が出るのです。しかも、その本をもとに授業でディスカッションに参加し、レポートを書かなくてはなりません。何とか書いたレポートも読めないので書き直すようにと言われたことがありました。

実はMITにはライティング・オフィスがあり、レポートを書くときに支援してくれます。

無理をせずに、最初からそこを利用すればよかったと反省し、その後はサポートを受けながらエッセイを書くようになりました。
　ただ最近、感じるようになったのは、英語は敬語が少なく、それで人間関係も変わるということです。日本の大学では、1つ上の先輩であっても、話し方に気を使い、距離感があって友だちになりにくいものです。英語の場合は気軽に話せるので、自分の学年だけでなく、1年上も下も、ポスドクや教授に対しても距離を縮められます。これは日本では経験できないことだと思います。

夏休みは海外プロジェクトに積極的に参加

夏休みは普段の授業とは違う活動のできる貴重な時間です。忙しい学期が終わってのんびり過ごすのも1つの考え方ですが、私の周りの人はみんな研究やプロジェクトに取り組んでいるので、私も何かやらなくてはという気持ちになるのです。

1年が終わった2012年の夏休みには、中国へ行きました。中国語を話して働けるような人になりたかったのです。本当は中国でインターンをするMISTI（MIT International Science and Technology Initiatives）という留学プログラムに応募したかったのですが、私は1年後期に中国語を学び始めたばかりで、現地語クラスを4学期以上とっているという条件を満せなかったので断念。代わりに、民間会社の語学プログラムに参加しました。ただ、学校の奨学金を利用できたので、渡航費などをほとんどカバーできました。中国では2ヵ月間、中国語漬けの生活を送り、かなり中国語を話せるようになりました（今は話す機会がないので、忘れてしまいましたが）。言葉の話せない環境で2ヵ月生活したことは自信にもなりました。

中国から日本に帰る前には、SEALNET（South East Asian Service and Leadership

Network）の活動で2週間、カンボジアに立ち寄りました。これはもともと、スタンフォード大学の学生が10年くらい前に立ち上げたNPOで、東南アジアでボランティア活動のスピリットを広げ、次世代につながる若者を育てることを目指しています。スタンフォード大学とMITにも活動拠点がありますが、全世界の大学から参加できます。

合格発表から1ヵ月後に合格者がキャンパスを見に行くCPW（Campus Preview Weekend）というイベントがあるのですが、そのときにクラブ活動を紹介するブースを見ているときに、SEALNETの存在を知りました。UWCで東南アジアの生徒たちとも仲良くなり、いつか東南アジアに行ってみたいと思っていたので、ミーティングに毎週参加。プロジェクトも手伝うようになりました。

2年生が終わった後の2013年の夏は、フィリピンのレイテ島に行きました。このときは私がリーダーとなって、理系、工学系を目指したい高校生を盛り上げるようなリーダーシップと社会奉仕両方を柱とするプロジェクトを立ち上げました。

このときの夏休み中に、UROPで8週間、デング熱の研究にも携わりました。Dラボへルスに参加したときに担当の先生と親しくなり、研究室に誘ってもらったのです。実は、その前に所属していた研究室では、自分が何をやっているのかわからないまま、言われたことを機械的にこなすことに疑問を感じていたのです。新しい研究室は10人程度で、デング熱にかかっているかどうかを診断するテストの開発に取り組みました。やりがいがあったので、夏休み後も1年間、この研究室でＵＲＯＰを続けることにしました。

２０１４年の夏は、シンガポール・ＭＩＴ・アライアンス・リサーチ・アンド・テクノロジー・センター（ＳＭＡＲＴ：The Singapore-MIT Alliance for Research and Technology）で2ヵ月間、ＳＭＵＲＦ（Singapore-MIT Undergraduate Research Fellowship）を活用して、幹細胞のある骨髄について調べる研究プログラムに参加しました。

以前は中国語の語学留学をしたように、中国の大学の研究室などでのインターンシップに興味があったのですが、冷静に考えてみると、敢えて海外の大学に行かなくても、最先端の研究をしているＭＩＴから離れる必要はありません。海外には行きたかったので、ＭＩＴの出先機関であるシンガポールでＭＩＴの先生の下で勉強ができ、渡航費や宿泊費、お給料も支給される同プログラムは魅力的でした。シンガポールでは、いろいろな人に出会えたこと、これまで扱ってきた抗体やタンパク質系のものと違って、バイオメカニック系の分野に触れたことが大きな収穫でした。

将来的には、大学院に進んで再生医学を研究したいと考えています。私の父親は研究者で、そのたいへんさも知っているので、特に研究者は目指していなかったのですが、気づくと父と同じ方面に来ていました。

MITを目指している人へ

ＭＩＴは、サイエンス、テクノロジーの最先端で、その最先端を走っている教授と直接会えたり、実際にプロジェクトに関われたりと、一流の人、モノを肌で感じられるような環境にいられることはとても光栄であるし刺激的です。また、さまざまなバックグラウンドや興味をもったユニークで面白い人がたくさんいます。

そんな環境に少しでも魅力を感じたら、またそういう環境が自分には合っているのではないかと思った人には、ぜひ挑戦してみてほしいです。そういう高校生が１人でも多くいたら、在校生としても嬉しいです。

変わった人が多いとも言われていますが、みんな温かい人ばかりです。

column

MITの授業の選び方

宮崎光さんに2年生後期（2013年）の授業を見せていただきました（図表1）。図表の左が事前登録をした授業、右が実際に選択した授業です。

1年生のときは4つまでしか授業をとってはいけないというルールがあるため、魅力的な授業があってとりたくてもとれないのです。だから制限なしでとれる2年生になると、皆さんワクワクするようです。

新学期に選択する授業の事前登録（プレ・レジストレーション）が春学期の終わりごろにあります。この時点で、まず、興味があるものを登録するのです。

図表1

Hikaru Classes 2013 Spring

CLASSES I PRE-REGISTERED FOR
- *7.05 General biochemistry
- *6.00 Introduction to computer science
- *20.109 Laboratory Fundementals in Biological engineering
- *20.310 Molecular, cellular, and tissue biomehanics
- MITSO (MIT symphony orchestra)
- 18.06 Linear Algebra
- 20.390 Foundations of computational and systems biology
- 20.451 Design of medical devices and implants
- 14.01 Principles of Macroeconomics

CLASSES I TOOK:
- *7.05 General biochemistry
- *6.00 Introduction to computer science
- *20.310 Molecular, cellular, and tissue biomehanics
- MITSO (MIT symphony orchestra)
- 14.01 Principles of Macroeconomics
- EC.710 D-lab: health technologies for the developing world

そして新学期が始まる前に、アドバイザーの先生と話し合って、選択する授業を最終的に確定します。宮崎さんは、まずとりたい授業を9科目リストアップし、休みの期間中に3科目カットして、最終的に6科目にしたそうです。

図表2は、宮崎光さんの3年生前期の時間割です。1つの授業につき講義が2～3回あり、週合計で3時間の授業時間があります。

月曜日4時～5時、火曜日12時～1時、金曜日12時～1時のrecとは、Recitationと呼ばれる少人数の授業で、大学院生が授業の補足説明などを行います。

これに加えて、すべての授業で毎週、宿題が出るのです。

図表2

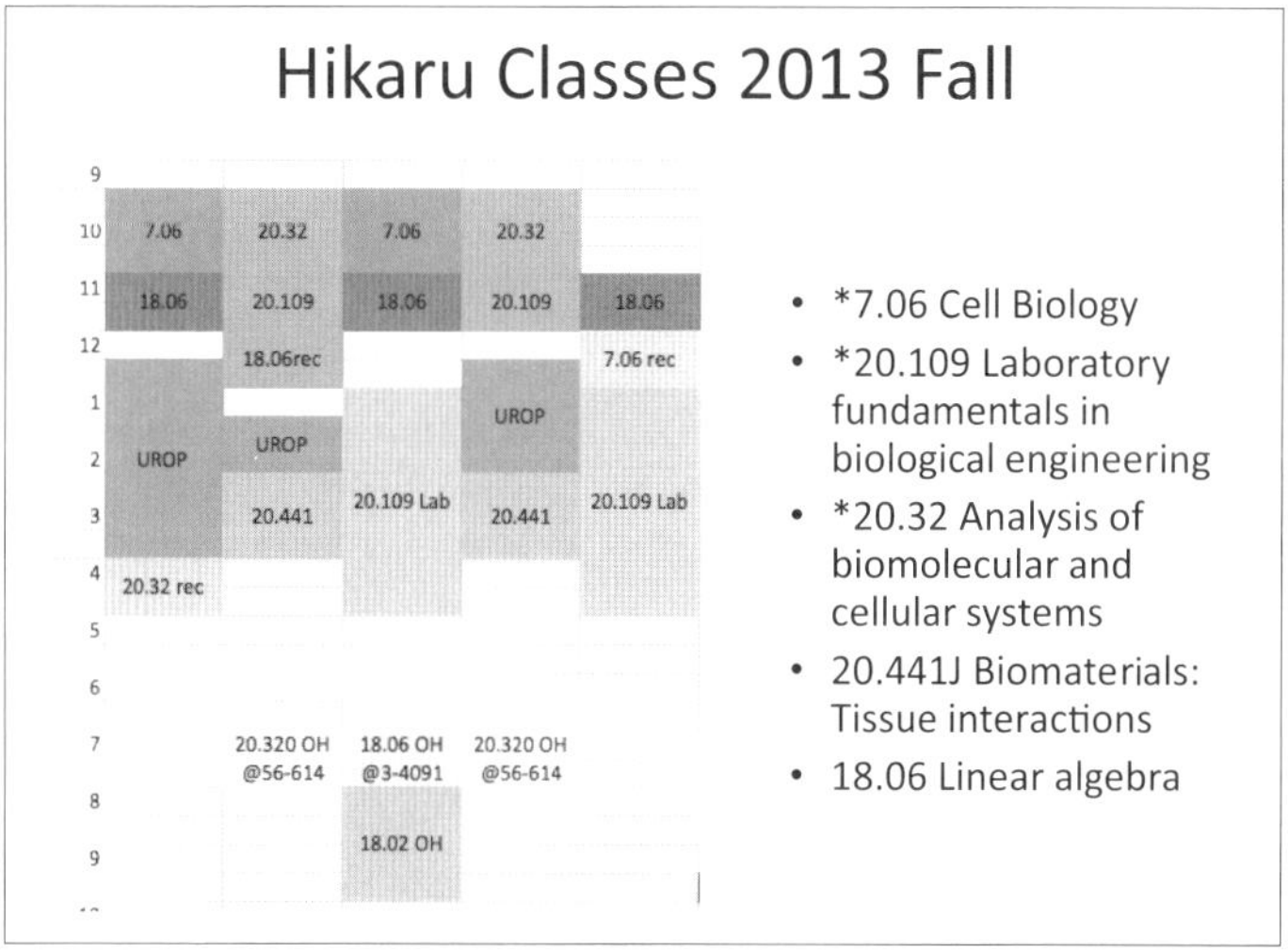

ＭＩＴは、自分が何に興味を持っているかを気づかせてくれた

臼井《うすい》 小春《こはる》
２０１１年入学 建築専攻。
シカゴ生まれ、サンディエゴ育ち。福岡県アンビシャス外国留学奨学金制度でＭＩＴへ。

アメリカの大学のほうが体質に合っている

私はシカゴで生まれ、11年間、サンディエゴで暮らしました。両親ともに日本人ですが、父の仕事の関係でずっと海外で育ったのです。サンディエゴでは現地の小学校に通い、土曜日は日本人学校で勉強しました。でも、日本語があまり話せなかったので、土曜日は苦痛でした。

その後、日本に戻ることになり、中学・高校時代を福岡で過ごしました。大学受験を考える中でいろいろと日本の大学を調べてみたものの、どうも自分の体質には合っていないと感じたのです。それならアメリカに戻ろうかなというのが出発点となりました。また、理数系科目が好きだったので、それを中心に勉強しようと思っていました。

ボストン、ニューヨークなどの都市にあるＭＩＴやアイビーリーグの大学を何校か受験しました。実際にアメリカの大学を訪ねて見学する機会がなかったので、良さそうだなという感覚だけで選びました。ボストンにはゆっくりと滞在したことはなく、どんな町なのかよく知らなかったのですが、大学がたくさんあるのは利点だと思っていました。たとえば、ＭＩＴはハーバード大学などと単位交換制度があり、他大学の授業も受けられるなど交流の機会があるからです。

実際に暮らしてみてからも、ボストンの町は大好きです。歴史があって日本でいうと京都みたいなところだと感じます。ただし、冬はとても寒くて、以前暮らしたサンディエゴと雲泥の差です。冬の服装をちゃんと整えなければいけないというところからして、ショックでした。

英語での生活は小学校以来で久しぶりだったのですが、中高と通った福岡女学院は英語の授業が充実し、アメリカ人の先生と話す機会もあったので、それほど心配していませんでした。ただ、友だちとの会話がなかったので、MITに行った最初のうちは、自分がすごく丁寧な言葉で話しているなと感じることがありました。

MITにはアメリカ国籍で登録したので、事務手続き上は国内のアメリカ人学生と同じ括りになりますが、高校は普通の日本の学校だったので、英語に関して少し配慮してもらえたのかもしれません。

福岡県アンビシャス外国留学奨学金

さらに幸いなことに、福岡県アンビシャス外国留学奨学金を受けられることになりました。これは、国際的に活躍する人材の育成のために設けられた制度で、福岡県内の篤志家からの寄附を基に運営されています。平成2009年度から始まり、海外の大学に進学する場合に学費（上限200万円）を支給します。

私はアメリカで生まれたので、アメリカの国籍も持っているのですが、家族が福岡に住んでいるので、申請することができました。書類審査、英語力、エッセイ、面接などの選考を経て、3期目の奨学生に選んでいただきました。

ワークショップが専攻選びの決め手になった

ＭＩＴでは最初、コンピュータ・サイエンスを勉強しようと思って、コンピュータ科の基礎クラスをとりました。そこでわかってきたのが、何もかもを効率化させようというのが、コンピュータの目的だということです。個人的には、効率的というのはあまり面白くないと感じました。何かもっと違うアプローチのものを探してみたくなったのです。そんなときに、友だちが「自分は建築をやるから」と言っていたので、私も弾みで1年の後期から建築の授業を受けてみました。ＭＩＴでは、1年の終わりに専攻を仮決めしなくてはなりません。実際に建築の授業を受けてみると、結構、面白いなと思いました。

工科大学で時間を過ごして行くうちに感じるようになったのが、芸術がないと、どんなに最先端のものも意味がない、ということです。たとえば、学内にはたくさんの立体アートや不思議な形をしたビルがありますが、これは物理に適っていないと建ちません。人間が求める最終目標とは美しいものであり、そのプロセスに科学や技術を使うのではないかと思うようになったのです。

さらに絶対に建築を専攻しようと思うきっかけとなったのが、1年終了後の夏休みに参加した神田駿先生のヴェネツィアでのワークショップでした。

建築学部生の1週間

建築学部はハードなことで有名です。

3年生でどのような生活を送っていたかというと、まず私の1日は、朝は9～10時くらいから始まります。最初の授業時間に間に合う時間に起きます。そして授業を受けて、お昼ご飯を食べて、また授業を受けるか、建築のスタジオで模型をつくったり、デザインしたりします。建築学部の人はたいてい建築スタジオを主な拠点とし、荷物もそこに置きっぱなしで、合間に抜けて授業を受けに行くのです。夕食もほとんどスタジオで食べて、それから朝4～5時まで宿題や研究などをしてから、家に帰ります。

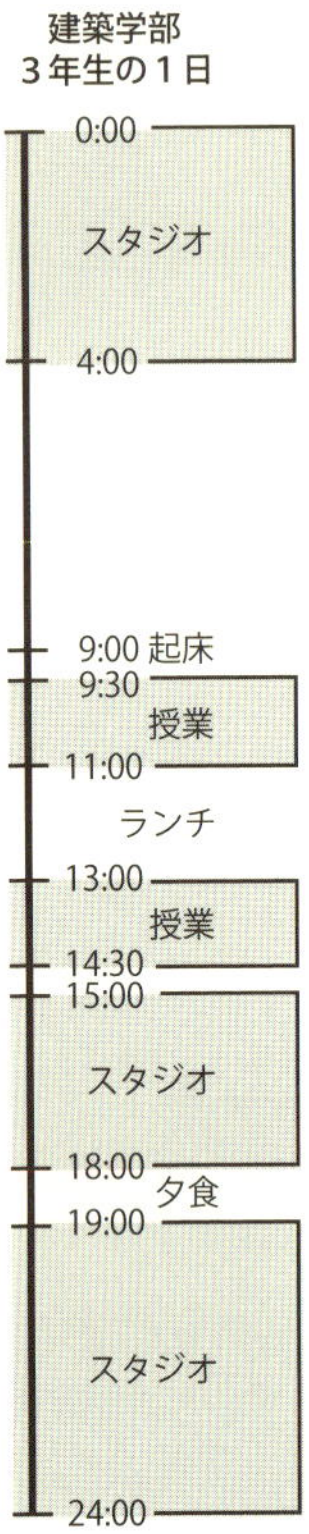

建築学部では1日おきに授業があり、その前にいろいろと準備をしないと、まともに授業も受けられないのです。

このように毎週月曜から金曜までびっしりとスケジュールが詰まっているので、学期中に1~2回はさすがにきついと感じることがあります。1週間の間に少し休憩を入れられるといいなとよく思います。

こんな状況なので、部活動もやっていません。日本人会の活動ができたのも1年のときだけでした。少しだけ会長もしたのですが、2年生になると建築のほうが忙しくなりすぎて遠ざかっていて、他のメンバーに申し訳なく思っています。授業ばかりで、他の活動をする時間がないのは自分でも寂しいなと感じることがあります。

今は20人くらいで一軒家に住んでいるのですが、そこでリーダーシップや役職があるので、それに時間もとられます。その家はボストン側の昔ながらのレンガ造りの住宅が並ぶ中の1つで、男女共同で住んでいます。2年生までは3人部屋にいましたが、帰りが遅すぎて、みんなに迷惑をかけたくなかったので、今は1人部屋に住んでいます。気の合う友だちが多いので、1年生のときの寮生活よりも楽しいです。

建築と都市計画

　MITは都市計画などが有名だと思いますが、実は、都市計画と建築の学生は、場所も近いのにあまり交流がありません。もちろん都市計画の授業はとることはできるのですが、別々に動いている印象があります。

　ただし、私自身はどちらにも興味があります。というのは、2年生が終わった後の夏休みに、ボストン市役所で自転車中心の都市計画をする部署でしばらくインターンシップをしたからです。自転車レーンをつくったりする計画に触れ、都市計画もいろいろと広がりがあることを知りました。特に私は、建築がつくり出す人のつながりに興味があるので、都市計画も勉強しようと思っています。

ＵＲＯＰにも参加し、今は建築学部の先生の個人事務所で研究を手伝っています。今取り組んでいるのは、コロンビアの住宅プロジェクトです。大きな土地なので、それがどういう状況かを模型をつくってみて、そこにどういう形が入るのかを研究している段階です。

そのほか、２年生の夏には神田駿先生のやっている田根のプロジェクト、２年生の冬にはマドリッドのプロジェクトにも参加しました。

将来はとりあえずアメリカで就職しようと思っていますが、行き先はまだ決めていません。大学院生の友だちと話すと、学部から直接大学院に進学するよりも、１回就職してみて、実際にその分野を学びたいと決めた人のほうが目的意識を持って勉強ができると聞いたからです。だから、とりあえず実務経験を積んでみようと思っています。

ＭＩＴを目指している人へ

何か面白いと思ったものを見つけたら、それをことごとくやっていくというのが重要だと思います。ＭＩＴでは結構しごかれるので、自分が本当に好きではないとやっていけません。体力的にきつくても、やっている意味があると思えるものを見つけることが大切です。

column

ＭＩＴの学費と奨学金制度

アメリカの大学は日本よりも学費が高いと言われます。特に、ＭＩＴは私立大学なので、やはり学費は高いようです。たとえば２０１３年から14年の９ヵ月間で、授業料は４万３２１０ドル、寮費や食費が１万２７４４ドル、教材費が２７７８ドル、合計すると日本円で６００万円強となります。

ＭＩＴでは、学生の経済的な必要性に応じて給付される「ニーズ・ベース」の奨学金があります。確定申告のコピーを提出して親の収入額を明らかにし、学校側の判断により、家庭が１年間に負担できる学費の上限額を越える分について奨学金が認められます。これは、インターナショナルの学生にも認められますが、今回のインタビューでは、親に負担してもらった方が多いようです。あるいは、臼井小春さんのように日本側の奨学金を利用する方法も見つかる可能性があります。

これに対して大学院生（理系）の場合、ＲＡ（リサーチ・アシスタント）という仕組みによって学費を免除され、月に２０００ドルくらいの生活補助が出る場合が多いようです。

これは、日本のように自動的に研究室に所属する仕組みではなく、就職活動のように、自分から研究室の先生に売り込みに行き、雇ってもらうシステムになっています。

この仕組みがあるため、大学院からＭＩＴへ進学するメリットとして、経済面の負担が楽だと指摘する意見が多く聞かれました。

ところで、ＭＩＴには、日本に関係した学生を対象にした奨学金制度があります。建築学科を１９７５年、土木学科を１９７６年に卒業した江原伸好さんが設立した奨学金制度「John and Kayoko Ehara Scholarship」です。

「日本に関係した」という条件ですが、日本からの申請者であれば、国籍は問いません。将来的には、日本以外から申請しても、日本に強い関心があり、日本というプラットフォームの価値を高める人材であれば対象者となる予定だそうです。

今後は、ますます多分野にわたった能力を発揮できる人材が求められています。「未開の地を恐れない人間力を持った」「社会に違いをもたらす」「野心ある」学生に、ぜひ活用してほしいとのこと。

江原さん自身もそうですが、興味があれば、ＭＩＴでは自然な感覚で他のコースもとれ、ダブルディグリーに挑戦することができます。

この環境の中で、江原さんが若き日に受けた刺激や訓練、学友との世界レベルの知的競争を、ぜひ、ＭＩＴで、あなたも体験してください。

なお奨学生は、合格者の奨学金希望者のなかからＭＩＴが選考するそうです。

MITは、文系学部だって強いんです

トレント絵《え》里《り》加《か》

2011年入学 神経科学、音楽専攻。テキサス生まれ、横浜育ち。2013年秋〜2014年春まで、MITのJSU（日本人学生会）の会長を務める。MITの学校新聞「The Tech」のマンガも描いている。

映画を観てMITにあこがれた

私はアメリカのテキサスで生まれました。日本人とアメリカ人のハーフで、両親はウィスコンシン大学マディソン校で出会い、その後共にテキサス大学オースティン校へ移ったそうです。私が5歳のときに父が日本で働くことになったため日本に引っ越し、小学校から高校まで横浜のインターナショナル・スクールに通いました。

しかし、大学は絶対にアメリカに行こうと、中学生の頃から決めていました。ずっと日本で育ってきましたが、生まれ故郷であるアメリカに戻りたいという気持ちがあったのです。受験のときに応募したのは、ＭＩＴ、ハーバード大学、プリンストン大学、コーネル大学、ブラウン大学、スタンフォード大学、ウェルズリー大学、そしてノースウエスタン大学です。とにかく応募してみて、どれかに入れればいいと思っていました。結果は６校が合格でしたが、そのなかでＭＩＴを選んだ理由は２つあります。

１つは、他愛のないものですが、高校１年生のときに見た『21（邦題：ラスベガスをぶっつぶせ）』という映画が印象的だったのです。これはＭＩＴの数学の天才学生たちが、ラスベガスのカジノで荒稼ぎしたという実話を基にした話なのですが、そのときにＭＩＴはすごいなと、あこがれを抱きました。

もう１つは、チャレンジするためです。私はもともと高校時代から文系科目が好きだったのですが、スタンフォード大学などに進学すれば、他の選択肢を考えずに、そのまま文系専攻に走ってしまうのは目に見えていました。自分を伸ばすために、あえて理系で有名なＭＩＴに行こうと決めました。

MITで音楽専攻!?

MITで専攻したのは、神経科学と音楽です。あまり知られていないと思いますが、実はMITにも音楽科があるんです。授業は器楽、理論、歴史の3つに分かれていて、いずれも必須でとらなくてはならない授業がありますが、それ以外は好きな分野に集中しても構いません。私は器楽ではなく、理論ベースの研究をしています。

もう1つ専攻している神経科学では、「Computational Audition」を研究しています。これは、人間の脳が音を聞いてどう処理するかに関する領域です。私は音楽に興味があるので、脳神経科学でも音と関係のあるものを研究したいと思いました。

MITでは授業以外に、クラブ活動にも参加しました。最初の2年間は、オーケストラに入ってバイオリンを弾いていました。今は、「ザ・テック（The Tech）」という学校新聞をつくっていて、記事を書いたり、マンガを描いたりしています。ちなみに、新聞に掲載されたマンガはすべてウェブ（www.qedcomics.com）で見ることができます。

他の活動として、MITのJSU（日本人学生会）の会長も務めました。これは学部の組織ですが、比較的小さなグループで、日本文化に興味がある人はだれでも入ることができま

す。日本のアニメ、マンガ、日本語に興味がある。日本に行ってみたい。日本に行ったことがある。日本について話したい。もっと日本について学びたい、といった人が対象で、日本語は話せなくても構いません。ただし一番アクティブなメンバーはみんな日本人です。

ＭＩＴの大学院にはＪＡＭという同様の日本人会がありますが、こちらは別の組織です。普段は大学院生とそれほど交流はないのですが、互いにイベントをするときに連絡をとり、参加を呼び掛けたりします。たとえば、私たちが３月11日についてトークをする会を開いたときには、ＪＡＭの方にも声をかけました。

日本人会への正式な入会手続きはなく、私たちのホームページのアドレスに連絡してくれれば対応します。たとえば、わたしが会長時代に新入生として入ってきた濱中さんや副島さんは、合格が決まった後にメールで連絡をくれて、「どの寮がお薦めですか?」「何を買ったらいいですか?」とＭＩＴでの生活についてあれこれ質問をしてきました。

ＭＩＴだったからこそ、自分のやりたいことがわかった

３年生が終わった２０１４年の夏休み中は、インターンシップでバルセロナ大学に行き、ミュージックテクノロジーの研究助手をやってきました。今後の進路について、いろいろと悩んでいますが、今は音楽か、グラフィックデザインの関係に進みたいと思っています。ＭＩＴの音楽科には大学院生はいませんが、大学院の進学も考えています。

最終的に文系分野を選ぶことになりましたが、ＭＩＴに来たことはまったく後悔していません。すごく優秀な人たちに囲まれて、こんなことをやっている人もいるのかと思うと、刺激になります。化学などの勉強も、研究経験を積むこともできました。それらを全部経験した後で、やはり文系分野が一番好きだと確信できたのは、私にとって大きな収穫でした。

ＭＩＴは理系ですごくトップだから、理系の人しか行けない。オタクが多いというようなイメージがあるかもしれません。しかし、実際には文系学部も結構、強いんです。たとえば、

言語学には有名なノーム・チョムスキー博士がいらっしゃるし、経済学もノーベル賞受賞者を輩出しています。ほかにも演劇や歴史などいろいろとあります。理系があまりにも強いため、忘れ去られがちですが、ＭＩＴは文系もかなりお薦めです。

ＭＩＴを目指している人へ

「トップ校に合格するためには、良い成績を保つべき、リーダーシップ経験を積み重ねるべき」等のアドバイスをよく耳にします。これは間違ってはいませんが、大学合格だけを目的にしてしまっている点に問題があるように感じます。実際に私の周りにも、高校生の間はその目の前の目的だけに集中してしまい、いざＭＩＴに入ったら「結局、何のためにここに来たんだろう?」と悩んだ学生もいます。

したがって、高校の間は、「大学に合格するため」よりも「自分自身が将来やりたいことへ近づくため」に頑張ってほしいと思います。自分が将来何をしたいかは決まっていなくても（むしろそのような方が多いはずではないでしょうか）、面白そうなことや新しいことにチャレンジし、好きなことを見つけたら、それに力を注ぎ、その結果、自分の目標に合った大学に入り勉強できたら一番だと思います。

column

MITらしいこだわり？

アメリカの学生や教員、スタッフは、大学名の入ったTシャツをよく着ていますが、MITの場合、単なる学校名では飽き足りません。同じく学校名を入れるにしても、ひとひねりを加えるのがMIT流なのです。

たとえば、写真のTシャツの文字、これが表しているのは「MIT」なのです。エネルギーと質量の関係式、$E=MC^2$を変形したもので「M」ルートの中にマイナスの数字が入ると虚数(i)なので「I」$PV=nRT$（P＝圧力、V＝体積、n＝物質量、R＝気体定数、T＝温度）の変形で「T」、というわけです。

ほかにもユーモラスなデザインがたくさんあります。

たとえば、聖書の最初に、「And God said, Let there be light: and there was light（神は「光あれ」と言われた。すると光があった）」という一節があるので、and God said の後に、光を表すマックスウェルの方程式をずらっと並べたもの。

イメージに違わず（？）おたくぶりをアピールする「NERD PRIDE」と書かれたもの。

さらには、Tシャツだけでなく、カフェインを元素記号で表したコーヒーカップなどのグッズもあります。

ちなみに、MITらしいこだわりといえば、合格発表の日にちです。他の多くの大学は4月1日に発表をするのですが、それに先駆けて、3月14日15時9分に合格発表が行われます。3・14159といえば、円周率です。この日は学生たちもお気に入りで、「今日はパイデーだから飲もう！」と盛り上がるとか。

普段は勉強漬けでも、「遊び心」を忘れないのが、MITらしさのようです。

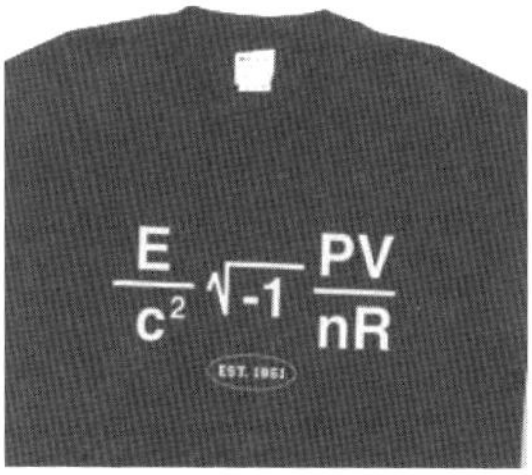

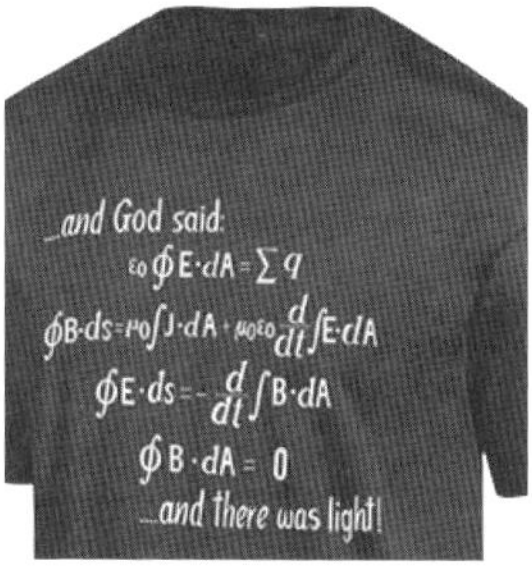

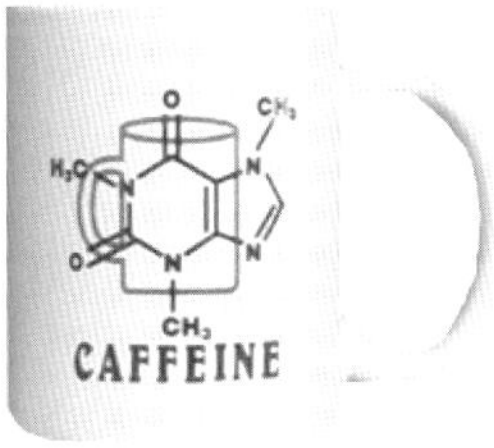

3つの分野が同時に学べるのが魅力だった

濱中《はまなか》みなみ

2013年入学 応用数学専攻。
財界人や大学教授の講演会にて刺激を受け、海外大学への進学を考え始め、MITへ。

能力の限界までチャレンジ

ＭＩＴを受験しようと思い始めたのは、16歳の頃だったと思います。以前から、財界人や大学教授の講演会には興味がありましたので、よく出席し、その都度、影響を受けてきました。特に、ＭＩＴの石井裕教授がおっしゃった「能力の限界までチャレジせずに、試さずに、人生終えるのは情けない」という言葉と、常に〝Ｗｈｙ？〟という疑問を投げかけ、哲学を突き詰めていく姿勢に感動し、チャレンジしてみようと思いました。

また、当時、学びたいことが応用数学、経済学、芸術関連の研究と3つあり、日本の大学では、理学部、経済学部、芸術学部に当たるため、どれか1つを選択しなければなりませんが、MITであれば、そのすべてを専門的に学べることを知りました。

異なる分野の融合

私は、15歳の時に幸運にもMITメディアラボを訪問する機会に恵まれました。

当時、メディアラボは、コンピュータ・サイエンスの世界という認識を持っていましたが、実際は、理系のあらゆる分野のみならず、アート、ミュージック、医学、文学、哲学、歴史学等々、想像を絶する分野の融合が作品となっていました。

そして、異なる分野の融合から生まれた作品は、生命体ではないのにもかかわらず、血液が流れているかのように感じました。

この時、学問の世界に理系、文系と隔てる壁をつくっていた自分が愚かに思えました。

今学んでいる数学、経済、芸術であれば、パスカルの三角形にみられる代数的規則性と幾何学的規則性の繋がりのように、経済を数学的に分析し、視覚化するために芸術的感性が求められるのは当たり前のことで、これは、まだ基盤の一部であると思うようになりました。身体に障害を持たれている教授は、経験をもとに、医学的知識、工学的知識、物理的分析、デザイン性を融合させた義足を作成し、自らそれを試されており、さらに歩行用、登山用、ダンス用など用途に合わせて義足をデザインされ、隠す義足ではなく見せる義足を開発しました。そのエレガントなデザインは、もはや義足という役割を超えたアートに近いものを感じさせます。

メディアラボで見た、多岐にわたる分野を1つの作品に昇華させていたあの光景は、複数の学問の融合には無限の可能性が秘められていることを私の中に残してくれました。そして、後にも触れますが、MIT側が学部生に推奨するグループワークは、互いの知識を交換するのみならず自分の視野を広げると共に、他者の能力と融合させる機会をつくり出す素地をつくっていると思っています。

学問は繋がっている

当時ハーバード大学の理系博士課程に在籍していた知り合いから、「将来は何を学びたいのかもう決めている?」と聞かれ、まだ、中学生だった私は、「私も理系が好きなので、理数系か医学系に関係する分野に進むと思います。文系は得意ではないと思っています」と答えました。

返ってきた答えは「学問は繋がっている」の一言でした。

もう、冷水を浴びたような気持ちでした。

当時の私は、日本の古典漢文などの古語を学ぶ必要性に疑問を抱いていましたし、芸術以外の過去のものには、あまり興味がありませんでしたが、この言葉をきっかけに、学問に対する意識が変わりました。

今、芸術の方面で調査研究を進めてみると、古典イタリア語の書物を読む必要性が生じ、古語と芸術が関連し始めました。ルネッサンスを築き上げた偉人たちは、数学、物理学、天文学、建築学、解剖学、哲学など、複数の学問に精通しており「万能の天才」と呼ばれ、数々の功績を遺しました。教科書に名前が載っているアルベルティ、レオナルド・ダ・ヴィンチなどは、さまざまな分野からの知識を集結させることができたからこそ、時空を超えて人々を魅了する作品がつくり出されたのだと思います。

多様性に富んだＭＩＴの環境の中では、それぞれ興味が異なる人たちと会話をする機会が多く、あらゆる学問がどこかで繋がっているということを認識させられます。そして既存の概念にとらわれない着眼点と発想力が交わり合い、多岐にわたる分野の融合から、未来へと会話が進んでいきます。

MITでの生活

ＭＩＴはアドバイザーのシステムが整っています。1年生の時にはFreshman Advising Seminars, Traditional Advising, Learning Communities のいずれかに参加し、教授と先輩がＭＩＴでの生活のアドバイスやさまざまな相談にのってくれます。2年生以降は専攻科目の教授が付き、どのような授業を取るべきか、また研究機会についてなどの説明をしてくださいます。私の Freshman advisor は、スローン（Sloan）の教授が担当で、現在のアドバイザーは、確率論が専門分野の数学の教授です。スローンの教授も人格者で、international freshman が送る怒濤の初 MIT Life を見守り、全力でサポートしていただきました。

ＭＩＴの教授陣は、ノーベル賞受賞者や、実社会で功績を残した方、教科書に載っている定理を発見された方、等々、錚々たるメンバーが揃っており、皆さん豊かな人間性を兼ねそなえていらっしゃいます。そのような方々から直接授業を受けられることも光栄ですし、学生側から気兼ねなく疑問を投げかけることができる環境はとても刺激的です。また、教授と廊下で会うと、教授自ら「やぁ、元気でやっている？」と声を掛けてくれます。教授が声を掛けてくれるはずはないと思っていた私は、「驚き」の後に「挨拶」と、入学当初は、返事が遅れてしまい、失礼の連続でした。

これは、私に限ったことではなく、ＭＩＴの教授は皆さん気さくに学生に声がけをしてくれます。

健康管理面では、どの寮にも小さなジム施設があります。女子寮である私の寮にもジムがあります。そしてＭＩＴはフル装備のジムにプール、テニスコート、フィールド、ロッククライミングなどと運動用の施設もたいへん充実しています。私もほぼ毎日ジムを利用していますが、寮のジムも寮外のジムもいつも多くの利用者がいます。学ぶためには、健康管理が必要との意識の反映だと思います。

学部生は少なくとも４つの体育の授業を受けなければなりませんが、授業は水泳、バスケットボール、テニスはもちろんのこと、アイススケート、社交ダンス、テコンドー、ヨガ、ゴルフ、アーチェリー、フェンシング、セーリング、ピストル、ライフルなど、考えもしなかったような多種多様の種目が揃っています。

どの授業も魅力的で、４つ以上体育の授業を取っている人が多く、中には大学院に入ってからも体育の授業を取り続けている人もいるほどです。そのおかげなのでしょうか、病気の

大流行や、明らかに不健康そうな人は、ほとんど見かけません。
他にも卒業条件に、100メートル水泳テストにパスすることが入っているなど、生徒の健康促進のための工夫がなされています。

MITは仲間意識を醸成する

MIT側から毎回提出される宿題には「グループワークをしてください」と書かれています。先に触れた、MITが学生に推奨するグループワークとは、このことです。グループワークにより学生が集まって勉強をする機会が増えます。優秀な人たちの中に身を投じることは、とても良い刺激になっています。

MITでは1人で黙々と宿題をこなすことは、あまり推奨していません。ディスカッションをしながら、みんなで宿題に取り組み、多様な意見を取り入れながら、答えを導き出すことが求められています。グループワークによって、さまざまな発想や着眼点に触れられますので、宿題の答えに深みが増します。同時に、何をどのように発信し、またキャッチするかということも求められます。ここでつくるグループは、5~8人の学生が主体的に集まり構成されますが、授業ごとにグループがあるため、仲間がとても増えます。この仲間たちと、昼食を摂る際や教室を移動する際にも、各々が興味を持っている分野の話をしますので、あまり意識していなかった分野にまで、知る機会が増え、雑談でさえも皆で楽しむことができます。

結果的に勉強している時間は長くなりますが、詰め込みの教育とは対照的で、会話からどんどん理解度が深まっていきます。そして、MIT生それぞれが、このような仲間をとても貴重だと思っています。

ＭＩＴのハック文化

友人の中には、ＭＩＴで有名なハックのメンバーもいます。ハックでかかる費用はすべて自費で賄っていると聞き、たいへん驚きました。

ハックは、行う側と観る側から成り立っており、ユーモアを皆で楽しみ分かち合いたいとの思いが込められているようです。

ハックの例はたくさんありますが、ほとんどが非常に大掛かりなもので、ある時はグリーンビルディングという同じ大きさの窓が規則的に配列された建物自体をゲーム台に見立て、窓１つ１つをブロックとして使い、テトリスとして遊べるようになっていました。

これを見たときは、あまりにも大きなテトリスで、笑みがこぼれるほどハッピーな気持ちになりました。

また、２０１３年のボストンマラソン爆破テロ事件の際に亡くなったＭＩＴの警察官の命日に、グリーンビルディングの壁一面にブルーリボンが表示され、追悼の念が深まりました。観る側を驚かせ、感動を与え、楽しませたいとの思いには、本当に敬服しています。

後輩への言葉

ＭＩＴでは入学時にインターナショナル生向けのオリエンテーションがあり、アメリカ国内の学生より2週間ほど早く寮に入ります。その際の体育のＦＰＯＰ（Freshman Pre-Orientation Program）が、とてもハードで、体育大学に進学したのかと感じるほどでした。しかし、今振り返ると、このオリエンテーションは貴重な機会であり、ＭＩＴで悔いなく学ぼうとすると、体力と健康管理が必要なことを実感します。

今は、短時間でもジムに通いながら、学んでいますが、これから受験を考えられている方は学力面のみならず、健康管理と体力づくりを早い時期に心がけておくと、入学してからの生活リズムが一早く取れると思います。また、さまざまな分野に興味がある方にも、ＭＩＴという環境は適していると思います。

学内では、文系、理系との区別や、各学問の壁などは一切ありません。それどころか、ＭＩＴは、異なる分野の融合に秘められている可能性を考える楽しさを与えてくれる大学です。

column

ハック文化

日本でハッキングやハッカーと言うと、プログラミングに精通する人が他人のコンピュータに不正に侵入するというような悪いイメージがありますが、ＭＩＴの風物詩となっているハックは一味違います。遊び心やユーモアにあふれた人畜無害なイタズラを指し、勉強漬けの生活の中で、ハックを行う学生はもちろんのこと、見る側の学生にとっても、ちょっとした気晴らしや楽しみになっているのです。大掛かりでメッセージ性のある「作品」が発表されると、地元テレビも取材に来ます。

「ある朝、学校の真ん中にあるロビーセブンという大きなロビーに行くと、宇宙飛行士みたいな大きなフィギュアがたくさん浮かんでいました。何かと思ったら、封切られたばかりの『エンダーズ・ゲーム』という映画のキャラクターでした」（トレント絵里加さん）

「印象に残っているのは、ライト兄弟の初フライト１００周年記念のときにライト兄弟の飛行機の模型がドームの上にあったことです。誰かが夜中にこっそりと乗せていました」（佐藤翔さん）

一番のターゲットはＭＩＴのシンボル的な建物「グレート・ドーム」の屋根の上ですが、普段はもちろん立ち入り禁止です。「どうやってアクセスできるのか、さっぱりわかりません」と陸翔さんも話していましたが、それが大多数の学生たちの感想です。ハックをやるのはなかなか難易度が高いのです。

学内の寮「イーストキャンパス」は、ハックをするマニアが集結していることで知られています。ただし、参加する学生はこの寮以外にも散らばっていて、毎週土曜の真夜中に極秘ミーティングを開き、次の企画を練るのだとか。

門利暁さんはハックの集まりやハック主催者によるツアーに参加したことがあるそうです。ツアーは深夜2時頃にスタート。校内パトロールをするキャンパス・ポリスの無線を傍受して、見張りを避けながら回ります。ドームの上に行こうとしたら、さすがにキャンパス・ポリスに見つかり、サーチライトを浴びせられたとか。キャンパス・ポリスも新入生向け恒例イベントだと知っているので、プライドをかけて取り締まるのです。もっとも、つかまっても「お説教」程度で放免されるとのこと。

陸翔さんが在学中での出来事だそうですが、ある学生がドームに巨大オブジェを乗せてキャンパス・ポリスにつかまり、撤去費用の５０００ドルを請求されたそうです。しかし、すかさず電子工学の教授（ＭＩＴ卒業生でもある）が「肩代わりする」と名乗り出て、学生は５０００ドルを払わずに済んだとか。とてもＭＩＴらしいエピソードですね。

ハックの公式ウェブサイト（MIT Hack Gallery）で、過去の事例を閲覧できます。

情熱を追い求めた先にＭＩＴ 自分の可能性を広げて 楽しむために

前《まえ》田《だ》 智《とも》大《ひろ》

２０１４年入学。

高校時代の２０１２年 国際生物オリンピックに日本代表として参加し、銀賞を受賞。２０１３年に行われた第２回科学の甲子園では準優勝。

先輩の一言で決意

海外の大学受験を考え始めたのは、高校3年生になったばかりの頃でした。もともと海外に対する憧れは持っていましたが、自分とは関係のない遠い世界のように感じていました。そんなときに、ハーバード大学に合格した1年上の先輩が高校にやってきて、たまたま話をする機会があったのです。その先輩は15年間イギリスに住んでいた帰国子女で、英語のディベートで世界チャンピオンになったこともありました。大阪の一般的な家庭で育った僕にとって、海外の大学に行く人たちとは違う世界にいるんだなと感じており、それまで親しく話したこともありませんでした。

しかしその先輩から、「前田くんなら、今から頑張れば、アメリカの大学に行けるよ」と言われたのです。実際に海外の大学に受かって勉強している先輩からの言葉は、現実味がありました。もしかしたら自分にもできるかもしれない。このチャンスを逃したら後悔する。そう思ったので、アメリカの大学を目指すことにしました。

親に相談すると、海外の大学と聞いて驚きだったでしょう。いくつか条件を出されました。僕の親は、教育に関してお金を惜しみませんでした。私立の学校にも通わせてもらい、高い参考書や本も買ってくれました。しかし、子どもに高望みしているわけではなく、適度な学歴、適度な仕事でいいと思っていたのです。僕自身はそのことに対して、いつも違和感を覚えていました。

親の出した条件は、海外の大学を受験したとしても、これまで目指してきた東京大学を受験すること。そして、アメリカでは知名度のある大学を受けることでした。とりあえず許可がもらえたので、4月末から1月まで、とにかく英語を集中的に勉強しました。

その結果、東京大学、MIT、スタンフォード大学に合格しました。受かったところが、自分に合ったところだろうと思う一方で、スタンフォード大学よりも、ＭＩＴにより魅力を感じていました。ＭＩＴは独特の面白さがあるし、純粋に自分がしたいことをしに行く人が集まっているイメージがあったからです。実際に、高校３年生の９月にＭＩＴを訪れたときに、現役生の方々と話をしていても、みんな自分の好きなことに真っ直ぐに向いていて、僕の価値観にもすごく合っていると思いました。

国際生物オリンピックに挑戦

僕は中高一貫校である灘で勉強してきました。中学受験はギリギリ受かった形だったので、入学してから、灘できちんとやっていくには自発的に勉強しないと駄目だなと思いました。それまでは親に言われて受動的に勉強していたのですが、どうやって勉強しようかと自分で考えるようになり、本もたくさん読むようになりました。

入学した当時の僕は、まったく特徴のない生徒でした。先生からも、「お前がこんなに化けるとは思わなかった」と言われたほどです。特徴がないことがとても悔しくて、何か１つ、自分が面白いと思えることで、得意分野をつくりたいと思っていました。

自分が１番になれるものを探すうちに、めぐり合ったのが生物でした。実は、中学２年生まで、暗記科目である生物は大嫌いでした。暗記をしない主義だったので、中学入試の理科の試験の生物の問題はすべて勘で埋めたぐらいです。

ところが、生物の多様性の授業を受けると、全然違う世界があることに気づきました。1つの細胞から進化の流れによって、これほど多様な生物が生み出されていることに圧倒されたのです。詳しく知りたいと思い、進化論の勉強をするうちに、競争の原理や経済学とリンクしたゲーム理論などに出会いました。進化の勉強なのに、人間の行動を勉強するというつながりが、とても興味深かったのです。

しかも、生物は論理で解ける問題も多いことに気づきました。暗記が要らないとわかると、生物にどんどんのめり込みました。そして好きが高じて、高校2年生のときに国際生物オリンピックの日本代表に選ばれました。

生物オリンピックは、8日間をかけて行われます。そのうち、1日が実験試験、1日が筆記試験です。このなかで面白かったのが、実験の試験です。生物学の基本的な実験センスが問われるものや、ある結果を求めているときに、どのように実験を組み立てればよいか、という問題が出題されるのです。問題を解くだけなら問題に従うだけで良いのですが、問題をてきぱきと解くのには実験の背景となる知識を使わないといけないことがあります。そこが面白いのです。動物を解剖して、胃袋の中身から、どのような生態系か、どこに住んでいるかを問うような問題もありました。

試験の結果は銀賞でした。参加者のトップ10％が金賞で、その次の20％が銀賞です。世界の頭脳が集まる場に行ってみて、壁を感じるのと同時に、意外にやっていけるという自信も生まれました。自由時間にいろいろな国の代表と話をするのも刺激的でした。

MITは、興味深い授業が多すぎて、選択に悩むほど

MITで先輩となる副島智大さんと知り合ったのも、生物オリンピックがきっかけです。国内の生物オリンピックにゲストとして呼ばれて行ったときに、副島さんも遊びに来ていたのです。その後、秋にMITを訪問したときには、副島さんにキャンパスを案内してもらいました。

その際、とても個性的な生徒にもお会いしました。後から聞いたのですが、彼は数学の超天才で、まだ学部の1年生のときに、大学院生がふざけて「この問題を解いたら、博士論文を出せるよ」と言った問題をあっさり解き、今は論文の執筆に取り組んでいるそうです。そういう強烈なインパクトのある人たちの中で、やっていくことを思うと、気が引き締まるのと同時に、とても楽しみでたまりません。

英語は不安要素ですが、根が楽観的なので、あまり気にしていません。ここまで来てしまったら、できるかどうかなんて言っていられません。何も考えずに、ぶち当たっていくだけです。

MITでやりたいことは未知数ですが、現時点では、機械工学や生物工学を勉強したいと思っています。ただし、あくまでも今、興味のあることであって、何が待ち受けているかわかりません。自分はこうだと決めつけていたら、きっと海外受験もしていなかったでしょう。できるだけ自分の可能性を広げて、思い切り楽しみたいと思います。

MITは、4年間では絶対に受けきれないくらい、すべてのクラスが魅力的で面白そうなものばかりです。チャンスが多すぎて、どのチャンスを捨てないといけないかをじっくり考えないといけません。これに対し、日本の大学の場合は、魅力的なクラスを頑張って探さないといけないという印象がありました。

MITを目指す方へ

海外受験そのものはお薦めですが、そのことを意識しすぎて、青春をつぶさないでほしいなとも思います。たとえば、小さいときから海外に行かせたいと熱心な親御さんがいますが、子どもにとって、それは大きなプレッシャーです。海外受験だけ意識して高校生活の3年間を過ごすとしたら、そんなに楽しくないはずです。

僕は本当に自分の好きなことをやり続けて、その結果として、MITを受ける材料がたまりました。生物オリンピックに出たのも、別にMITに行きたかったからではありません。逆説的な言い方になりますが、海外の大学に入ることを目標にするのではなく、本当に好きなことをして、その結果、MITや海外の大学でしたいことが見つかって、それに見合う能力が自分にあるなら、ぜひ恐れずにチャレンジしてほしいと思います。

column

理系大学なのに女子は多い？

ＭＩＴでは男子学生と女子学生の比率はほぼ半々です。日本の大学の理系学部では、男性が圧倒的に多いので、その前提で行って見た方はきっと驚くはずです。副島智大さんによると「ＭＩＴは男女比が55対45に対して、東京大学の理1は女性が７％くらい。７％というのは、ちょうどＭＩＴの留学生比率と同じくらい」だそうです。

ただし、学部によって比率構成には多少の違いがあり、たとえば、コンピュータ・サイエンスは男性が多め、建築や生物、神経科学などは女性が多いのだとか。それでも全体で男女比が半々に近いのは、合否判定が必ずしも成績順で決まるわけではないからです。というのは、エッセイなど定性的な情報を基に、男女比、マイノリティの比率などを、学校側が決めることができるからです。宮崎光さんの推測では、「成績だけで見たり、応募した中の合格率を見ると、男性のほうが女性よりも倍率が高いのではないか」とのこと。

このため、受験生にとって合否判定を占うのが難しいのが、悩ましい問題です。「日本の大学は模試があって、ある程度の判定が出て、努力をすればそれなりの精度で合格する可能性が高いけれども、ＭＩＴは書類を見て審査するので、合否がまったく読めませんでした」と、陸翔さんも述べていました。

左表は、2014年の新入生データです。

2014 年 9 月新入学生データ

願書提出者数	18,989名
合格者数	1,548名
合格率	8.2%
入学者数	1,116名
入学率	72%
男性比率	55%
女性比率	45%
外国人比率	8%
州の代表経験者数	48名
国の代表経験者数	52名
近親者の中で初めて大学に入学した学生の比率	16%
公立高校出身者の比率	67%
首席で卒業した学生の比率 *	41%
Top 5% で卒業した学生の比率 *	92%
SAT の英語の平均点	723点
SAT の数学の平均点	769点

*：未回答生を除く

出典：MIT

第4章

わが子のMIT留学を考える

自分の物差しで決めつけない

北川 智里さん
（実萌さんのお母様）

人との出会いを大切にしてきた

我が家は、京都の伏見で３５０年以上も続く、日本酒の蔵元です。伏見には酒蔵が集積していて、江戸時代のはじめには85くらいあったそうです。現在も25社と多いのですが、そのうち明暦３年（１６５７年）の伏見奉行所の記録に残っているのは月桂冠とうちだけです。そんな環境ですので、日本の文化や伝統に触れることが当たり前で、海外生活とは無縁のごく普通の家庭で子どもを育ててきました。

ただし、私は神戸出身なので、いろいろな国の人と交流し、友だちになる機会がありました。もともと「人を大事にしなさい」と言われて育ったので、日本人でも海外の人でも出会った人と話をして、そこから学び、コミュニケーションをとるのが大好きでした。大学卒業後は、自分でヨーロッパから食器を買い付けてくる輸入の仕事を手掛けたこともあります。そういうチャレンジ精神や開拓精神は、娘にも受け継がれたのかもしれません。

子どもにおけいこごとをいろいろとやらせましたが、別に英才教育をしようと思ったからではありません。私自身がとても好奇心旺盛なので、自分が好きでやりたいことについて、娘にも「やってみる？」と誘ってみただけです。そこで本人が「嫌だ」と言えば無理強いはしません。たまたま娘も同じ趣向を持っていたようです。

私の方針は、英語でもピアノでも、身近にいる面白い先生を見つけて習うというもの。だから、英語はネイティブではなくフランス人の先生でしたし、ピアノも専門でやってきた方ではなく、もともと声楽をやっていて、声が出なくなったため、ピアノ教師に転じた先生に教えてもらっていました。おそらく、お金を出して、すごく有名な先生を探すやり方もあるのでしょう。しかしそうではなく、普通の方で、面白いなと感じる先生との関係を大切にしていました。

あるとき、ハッとしたことがあるのです。子どもたちはレゴブロックが好きで、まずファースト・ステップという少量のレゴブロックを買い与えました。ステップが上がっていくと、新しいセットになり、ブロックの数も増えていきます。ところがあるとき、少ない数のときの方が、ユニークな作品ができていたことに気づいたのです。数を増やしたり、新しいものを与えるよりも、今あるものでどれだけ楽しめるか。その方が面白いと思いました。

主人も同じ感覚を持っていて、今あるものをどれだけ楽しみ、工夫するかが大切だと考えています。その意味で、自分の出会った人や経験のすべての中に、必ず自分にとって得られるものはあると、教えているのだと思います。

そのせいか、娘も「この先生は面白い」「この先生についていけばいい」と思える人を探すのがすごく得意になりました。高校生のときに留学したときに、自分がピンと来る人と出会い、そうした偶然の出会いがＭＩＴへとつながったのだと思います。

英語はツールにすぎない

娘が英語の実力をつけたのは、中学校から通った神戸女学院の英語教育のおかげだと思います。実は、娘が中学に入った頃、知り合いから英語を教えてほしいと言われたのをきっかけに、私も自ら英語教室を開いていました。私はビギナーが最初に越えなくてはならない壁、たとえば、恥ずかしさや、外国人への苦手意識を乗り越える手伝いの部分に力をいれていました。娘や息子と英語を通じた共有感を持つのが楽しくて、他の子どもたちともそういうことをやってみたいと思ったのです。

しかし、英語はあくまでもツールでしかありません。これは私だけでなく、娘もそう思っているはずです。特に、私は英語の教室を運営してみて、それを痛感しました。というのも、海外留学して帰ってくる学生さんたちが決まって「英語は話したけれど、話すことがない」「ディスカッションができない」と言うのです。

これは、私にもピンとくるものがありました。うちは蔵元なので、海外の方もよく酒蔵見学に来られるのですが、当たり障りのない英語は話せても、酒造りに関する専門的なことになるとうまく説明ができないのです。日本の文化を含めて中身や背景を知らないと、コミュニケーションはとれないと思いました。

本当の意味で話すことのできない英語など、教えても意味はないと感じ、その後、英語教室はやめてしまいました。代わりに、若い人を集めて、日本酒を通じて日本人の心や文化を学ぶという試みを1年くらいやってみました。最後に、英語で情報発信することをゴールにしたのです。そのときに、中身があれば、後から英語がついてくるんだと思いました。

余談になりますが、酒造りは世界最古のバイオテクノロジーなんです。主人の家系には化学を勉強している人が多く、親戚にも、アミノ酸の研究分野で権威と言われる方がいらっしゃいます。そのため、娘が高校で化学クラブを立ち上げたのも、それほど意外ではありませんでした。娘は探求心が旺盛ですが、それはこうした血筋なのかもしれません。

重要なことを押さえれば、解決策は見つかる

私がいつも考えるのは、根本のところで何が重要かということです。もちろん、何かを選択すれば、いろいろな問題も一緒に出てきますが、それは解決していけばいいことです。もちろん努力や困難は絶対につきものですが、一番重要なものがわかっていれば、何とか頑張れるものです。くじけることも多々ありますが、お互いにそれがいいとわかっていれば、支え合うことができます。

たとえば、娘が神戸女学院に行くことになったのは、私立中学校の受験を考えていたときに、神戸の学校にも見学に連れていったのがきっかけです。娘もすっかり気に入り、どうしてもそこに行きたいと頑張ったようです。その結果、京都から神戸まで1時間半をかけて電車で通学することになり、その部分はとてもたいへんだったと思います。しかし、神戸女学院は山の上にあって、学ぶにはいい環境で、私も憧れていた学校でした。学習するなら街中よりも、ちょっと離れたところできちんと精神教育をしてもらった方がいい、というのが第

一にあって、距離のことを考えるのは後回しになりました。

自分の物差しで決めつけない

私が子育てで守ってきたことがあるとすれば、まず、娘が考えていることを基本的には信じ、何かやりたいと言ってきた場合は、よく話を聞くことです。話を聞いて納得できれば、サポートが難しいものでもなんとか工夫して、一緒に妥協点を見つけます。納得のいかない場合は、親が納得するまで説明するか、説得してほしいと娘に要求します。それによって、娘自身の考えが整理できたのだと思います。とにかく、自分の物差しでできるかどうかを勝手に決めないようにしていました。

自分の中で勝手に子どもの世界を縮めていないか、いつも自分に問いかけるようにしています。ひとりの人間が知っている世界なんてたかが知れています。自分の中の認識だけで子どもを育てることなんて怖くてできませんでした。私にとっては、それはたいへん勇気のいることです。そしてできるだけ本人から話を聞きたい。自分の知らないことはいっぱいあり、自分だけでは限界があるので、私は子どもも使って情報収集をしたいと思っています。そうやって、家族みんなで分担して、いろいろなところでやったことを共有しあって、楽しく暮らしていければいいな、と。

娘がこれから何をしようとしているかはわからないのですが、根本にあるのは、困っている人に対して、自分のできることで力になりたいという純粋な想いだと思います。それをたどっていくうちに、その人たちと、ＭＩＴやＤラボにつながっていったのでしょう。娘は自分が出会った人を大切にし、どんな関係を築けるかと考えるのです。それが娘のネットワークだと思います。活動の規模はどんどん大きくなって広がっていて、結果がどうなるかは、私にもわかりません。本人さえもわかっていないと思います。ただ、いろいろな経験を通して人間性も成長してきているので、それを見守りながら、私も一緒に学んでいきたいと思っています。

子どもをＭＩＴに行かせたい人へ

娘がＭＩＴに行くなんて思ってもいませんでしたし、合格したと聞いても、最初はピンと来ませんでした。ＭＩＴが目標だったというよりも、探求していって、今あるものをたどり続けていくうちに、自分の中にあるものとＭＩＴがマッチしたのかな、という感じがしています。

この4年間は、何だかんだといって娘はすごくたいへんだったと思います。特に後半の2年間は、身体や精神面などが心配でした。嫌だったら途中でやめてもいいと言ったほどです。もちろん、そんなことを言っても本人がやめるわけはありませんが、よくやり切ったなと思います。MITどうこうよりも、自分で決めた道を完走したのが素晴らしいことで、卒業式では主人ともども感無量でした。

とはいえ、MITは看板が大きすぎて、いまだによくわからないというのが、私の印象です。周りの方からは未来が明るいとよく言われますが、その先に何があるかわからない。ミステリアスな感じしかしないのです。でもミステリアスだからこそ、そういう場所に足を踏み入れることにはワクワクし、そして価値があると思っています。そういう所に踏み込む勇気を持つことができれば、さらに人生が楽しくなるからです。

重要なのは、自分を見つめ、自分がどうであるか。それを常に確認するようにしています。いろいろな人と出会うことで、自分に足らないところを知ることができます。世界は広いので、いろいろな所に行けば、もっともっと自分を見直せると思います。

column

地域活性のための活動「ＳｏＨｕｂ」

北川実萌さんがお母様の智里さんと一緒に取り組んでいるのが、任意団体「ＳｏＨｕｂ」。ＭＩＴのＤラボで学んだ途上国での技術開発プロジェクトのノウハウを活かして、日本でも自分の手でプロジェクトをやりたいという実萌さんの想いと、現在、同志社大学の大学院総合政策科学研究科でソーシャル・イノベーションの研究をされている智里さんの問題意識とがうまく重なり合って実現したコラボレーションです。Ｓｏは「創る、始める」こと、Ｈｕｂは「つながる」ことを表し、「さまざまな領域の人が集まり、アイデアを共有し、具体的なモノづくりを実行する」という活動を行っています。

現在の活動の場は、滋賀県長浜市田根地区。もともと、ＭＩＴの神田駿先生の研究グループが同地区で里山活用や獣害対策、空き家利用などのワークショップをしていたのがきっかけです。お二人がそれぞれ見学に行き、現地で手伝いをするうちに、自分たちでも何かやろうかという話が持ち上がったそうです。最初は、酒米を植えて「美田根」というお酒をつくるプロジェクトを実施。その後、智里さんの誘いで参加していた同志社の学生たちと、モノづくりを通して地域を盛り上げるワークショップを行おうと、ＳｏＨｕｂを立ち上げました。

ＳｏＨｕｂの活動第一弾として、２０１３年８月５〜11日に、同志社大学などの学生や田根の住民も巻き込んだワークショップを開催。「訪れたくなる田根」「住みたくなる田根」「獣に脅かされない田根」というテーマでグループをつくり、解決に向けてアイデアを出し合い、最終的に、獣害保護、獣害撃退、水力活用、景観（灯籠・かかし）、「まりちゃん」ハウスという5つのプロジェクトが誕生しました。

2014年夏のワークショップは、同志社大学、関西大学、京都精華大学などの学生たちも加わった12人の実行委員を中心に、「田根特産Ｂｅｎｔｏデザイン」というテーマに取り組みました。今回は、課題発見から解決策のデザインという一連のプロセスを経験するだけでなく、実際に「つくる」部分にも焦点を当てました。

まだまだ手探り状態が続いているそうですが、「田根でうまくいったことを他の地域にも展開していきたい」と、実萌さんは語ります。自分でも何か創り出せることを実感してもらい、人々の意識を変えることで地域を活性化させる。ＳｏＨｕｂの活動から、どんなものが生まれ、広がっていくのか、とても楽しみです。

娘のノートを見て、初めてわかったこともあった

宮崎 英樹さん
（光さんのお父様）

自転車で15分の学校が、世界と地続きでつながっていた

私は国の研究所に勤務するごく普通の研究者で、留学経験もありません。特にグローバル社会を意識させるような育て方もしてきませんでした。ただし仕事柄、自宅で英語の論文を読んだり、書いたりしますし、実験のために滞在している海外からの学生さんの話をしたり、自宅に招いたりすることもありました。別に子どものためではなく、学生さんに日本の家庭のありのままの姿を見せるのが目的でしたが、そういうことを通じて、海外が普通の生活の延長線上にあることを自然に感じることはあったかもしれません。

実は、娘が大きく変わったのは、家庭教育よりも、学校の影響が大きかったと思います。茗溪学園という中高一貫校に通わせたのですが、同校は「世界的日本人の育成」を建学の理念としていたのです。ただ、その理念に共感したからというよりは、うちの近所にあるし、当時ゆとり教育をしていた公立中学よりはいいだろうという単純な理由で選んだのが正直なところでした。

茗溪学園はグローバル意識を非常に強化するカリキュラムを組んでいて、ホームステイや帰国生向けの英語クラスへの編入の機会を次々にお膳立てしてくれました。娘はそういう機会を積極的に利用しました。そのうちに、UWCという世界的な組織の2年制プログラムに行くことになったのです。茗溪学園に入学してから、娘はあれよあれよという間に変わっていき、うちの子どもがこんな風になるのかと、本当に驚きました。

ちなみに、娘は今、バイオの分野を専攻していますが、高校生のときからそうなるだろうということは予想がつきました。茗溪学園では「17歳の卒論」として、高校生たちに自分の興味のあることを1年かけて研究させる課題を出しており、娘は免疫細胞を研究テーマとして選んでいたからです。私の専門分野は物理に近いのですが、物理は面白いと思わなかったのかと、少しがっかりしたのを覚えています。

MITのUROP制度はすごい！

日本の大学では、4年生で研究をして卒業論文を書きますが、欧米の大学では学部生のときに1年かけて実験をするような機会はめずらしいようです。大学で助手をしていたときに受け入れた欧州の大学院生は、自国で卒論を書いてはいましたが、それは日本に比べて小規模なもので、日本の学生がすでに実験に慣れていて、手がよく動くのに驚いていました。

ですから日本の卒論は優れた制度だと思っていましたが、MITには負けていると思います。というのは、学部生が1年生のときから研究室で働けるUROPという制度があるからです。教官や大学院生の指示の下で研究を手伝いながら、時には立案を任されたり、もしかすると学部生のうちに有名な論文に名前が載ることだって起こり得るのです。

日本の大学生はよく居酒屋やコンビニエンス・ストアでアルバイトをします。しかし、UROPであれば、アルバイトの時給と同程度かそれ以上の報酬を得ながら、それに相当する時間を研究に当てることができるのです。居酒屋の仕事を通じて気遣い力や段取り力を学んだ優れた学生も見てきましたが、学生にはもっとやるべきことがあると、私は思うのです。

就職活動でもアルバイト経験を評価するようですが、学校でいかにしっかり勉強したか、どんなスキルを身につけて、どんな研究をしたかを第一に問うべきだと思います。

しかも、娘はインスリン薬剤の開発から、デング熱診断、再生医療へと自分の意志で研究室を変えて来ました。日本の卒論では、次は違うものをやりたいから研究室を変える、ということはありえません。研究室で学部生が担当するのは下働きです。最初は新しく教わるスキルであっても、そのうち退屈な単純作業になっていきます。一方、研究室は単純作業をやってくれるなら、その学生でなくても構いません。つまり、MITのシステムは、自分でもっと違うスキルを身につけたいと思えば、研究室を移ればいいし、研究室側も新しく学生を雇えばいいのです。学部生が本物の研究者に直に触れながらいろいろな分野の研究に携わり、スキルを身につけ、興味の持てる活躍の場を探りながら自らキャリアをデザインしていくということは、日本では経験できないことだと思います。

私たちの研究所でもインターンの学生を受け入れていますが、短い期間に答えが出て報告書が書ける程度の、彼ら向けの小さなテーマを用意してあげることになります。UROP制度では、週何時間かではあっても、研究室の一員として仕事を割り振り、答えが出るかどうかもわからない本物の研究を手伝ってもらうことになります。学生の立場だけでなく、研究室で学生を雇い入れる立場としても、非常にうらやましい制度だと思います。

娘のノートを見て思うこと

娘が帰ってくる夏と冬の休みに私が楽しみにしているのは娘の授業のノートや講義資料を見せてもらうことです。私がノートを見る理由は3つあって、第1は、理系の父親としての純粋な好奇心です。物理に近い仕事をしている私にも、最近では生物の知識も求められるようになっています。自分でも教科書を買って読んだりしていますが、なかなか系統的な勉強にならないので、ちゃんとした勉強をしてみたいと思っていました。ちょうど娘がその材料を持ってきてくれて、これがとても勉強になるのです。

第2に、研究者として働く中で、実は私自身もMITに行ってみたいと思っていたからです。新しい発見は2つの分野の境界から出てくるため、研究者は自分の学生時代の専攻に加えて、もう1つ別の分野を独学でカバーしているものです。私の場合は、本来の専攻が機械工学で、物理がその2つめの分野に該当しますが、学生としてたたき込まれるのと違って、独学では体系的に身につかないのです。研究者が大学に研究のために滞在する制度はあるのですが、私はどこかで何年か仕事を休んで、学部で基礎をみっちりと学びたいと思っていました。ばかげた考えかと思いますが。MITも候補の1つでした。留学資金も何とかなるかなと思っていたのですが、結局、仕事を休む機会を見つけられず、今に至っています。娘に授業の様子を聞きながら、私も擬似体験させてもらっているのです。

ところで、今の時代、オンラインでもＭＩＴの授業が受けられます。私も毎晩のように時間を決めて視聴していた時期がありますが、何かしっくりきませんでした。娘の様子を見ると、身につき具合は１％にも満たなかったように感じます。実際に学生たちに囲まれて、見たり、触れたり、話したりしながら現実の授業を受けることがこんなにも違うのかと思います。逆に言うと、だからこそ、無償で授業を公開できるのでしょう。

日米の大学の教え方の違い

仕事で出会う海外の学生は日本の学生に比べて研究者として自立し、成熟していると感じます。高校までは優れていたはずの日本の学生がどこかで逆転されているのです。また、私自身、国内の大学で講義をすることもあり、どう教えるべきか悩むこともあります。そこで、ＭＩＴでどんな教え方をしているのかに興味がありました。これが第３の理由です。

それでわかったのは、カリキュラムがまったく違うということです。アメリカの大学は非常に少ない数の授業をものすごくみっちりと教えます。これに対して、日本の大学は、日本料理のようにたくさんのことを、少しずつ教えます。

そのうえ、ＭＩＴの授業は、すごくわかりやすいのです。実は、私は昔、大学での成績は悪い方ではなかったのですが、授業が本当に身についたとは感じていませんでした。試験での問題はそれなりに解けたのですが、正直に告白すると、腹落ちしないまま今に至っている部分も多いのです。私が当時習ったのと同じ内容を、娘がどう教わっているのかと見ると、まるで専門学校の授業かと思うくらい、わかりやすく具体的に教えているのです。「ああ、そうだったのか」と初めてわかったこともありました。一方、日本では同じことを過度に難しく教えているような印象があります。しかも、ＭＩＴの授業の配付資料は、非常に独創的で、教官1人ひとりが本当に魂を込めて教えている様子が伝わってきます。同業者として圧倒されますし、敬意を表さずにいられません。自分が18歳のときにこの授業を受けたかったと、悔しくなりました。

娘が今後どうなるかはわかりませんが、成長していくのは楽しみです。今後、娘は研究者の道に進みそうですが、実はそれは、必ずしも私が望んでいることではありません。研究者とは、プロのスポーツ選手に近くて、非常に雇用の不安定な職業だからです。私も30代後半までポストドクターという身分で、数年契約の雇用で辛うじて家族を養っていました。しかも、バイオは特に競争が激しい分野で、狭い世界で限られたポジションを狙って大勢のドクターがひしめいている状況です。バイオの研究をするのは構わないのですが、できれば企業の研究所に入って、地道に役に立つものをつくってほしいと思っています。

子どもをMITへ行かせたい人へ

親が子どものことを勝手に決めつけてはいけないということに尽きます。いくつかの断片を見て、自分と似ている行動を見つけると、遺伝学的にうちの子どもはこうなのだろうと勝手に思ってしまいがちです。しかし、実際には違います。

たとえば、娘は夏休みに帰ってきても、毎回スケジュールがいろいろと入っていて、世界中を飛び回っています。1年生のときから、カンボジアでボランティアをしたり、フィリピンのプロジェクトに参加したり、中国に留学したりと、なかなかうちにはいついてくれません。対して、私自身は出不精で、実験室にこもっているタイプです。国際会議にもめったに行きません。娘も小学生の頃はおとなしい子でした。だから、きっと自分と同じタイプだろうと思っていたのに、娘はどんどん自分で変わっていきました。

家庭でも、絵本の読み聞かせに始まり、読書、工作、料理、楽器演奏、農業体験、流星観察、海辺の生き物観察など、親の楽しみも兼ねて体験の幅を拡げてきました。けれども、たまたま入った学校が世界と地続きでつながっていて、さまざまなチャンスのレパートリーを揃えた環境だったのは、本当に幸運でした。いくら私が子どもにグローバル経験をさせたいと願っていたとしても、それを実現する方法論が私にはありませんでした。

娘よりも学力が高い子はたくさんいると思います。しかし、そういう環境を与えられていないために、自分でもそうなれることを知らないで終わってしまうケースも多いのではないでしょうか。環境を与えれば、人は変わっていくものだと、つくづく思うのです。

頑張っている子どもたちに対して、親にできることなど限られている

前田　忠司さん
佐知さん
（智大さんのご両親）

子どもの頑張りには驚くばかり

うちには双子の息子がいますが、どちらも負けん気が非常に強い方だと思います。小学校4年生まで公文の教室に通っていましたが、迎えに行くと、他の子は泣いていないのに、必ず2人とも泣いていました。できないのが悔しいと言うのです。

勉強以外でも同様です。小学生のとき、鉄棒がうまくできないとなると、本当に手の皮がむけるまで練習して、できるようになったのです。

自分1人がうまくできないと感じると、執拗に練習する。そういう傾向は、智大は特に強

かったと思います。私自身はそんなに努力家ではないので、そういう努力家の部分や頑張りきるところは、子どもの頃から尊敬できるなと思っていました。

憧れてしまったなら、止められない

公文に通わせたのは、たまたま通っていた幼稚園で教室が開かれていたからです。中学受験も、公文の先生から「中学受験はどうされますか」と聞かれて、初めてそういうものがあるのだと知りました。それで塾に通わせたものの、受験競争の厳しさを知り、子どもにとって負担にならないか心配になりました。トップ校を目指してお尻を叩くよりも、本人に力がついたら、それに応じて考えればいいと思っていたのです。

だからある日、智大が「話があるから聞いてくれ。自分は灘を目指したい」と相談してきたときは、本当に驚きました。ちょうど小学6年生の夏でしたが、その時点の息子の学力レベルでは灘に受かるには相当の隔たりがあったのです。しかも、灘から自宅までの通学を考えると、ドア・ツー・ドアで2時間弱はかかります。万が一、ギリギリ滑り込みで合格しても、その後がたいへんになることは目に見えていました。

「身の丈に合った、通学の楽な合格圏の学校に行った方がいい」と言ってきかせましたが、本人は納得しません。そこで塾の先生に相談したところ、「息子さんは憧れてしまったから、納得いくまでやらせないと、引き下がらないですよ」と言われました。それで諦めて、夏から灘を目指すクラスに合流させました。

親にできることは限られている

頑張っている息子たちに対して、親にできることなど限られています。塾の送り迎えや、テキストや問題集を一緒に見て勉強につき合うことなどです。それから、本は好きなものを買っていいと言っていました。たとえ1ページ読んでみて、レベルが高すぎると思ったとしても構いません。ひょっとすると、それがすごい出会いとなり、お金では買えない影響を与えてくれるかもしれないからです。

勉強の内容はどんどん高度になって、受験や大学のことを聞かれてもよくわかりませんし、親としては見守ることしかできません。息子たちは目標を定めて、それをどうやったらクリアできるか攻略法を考える。そしてある程度定まったら、あとは一心不乱に突き進む。そういう姿をずっと見ているので、純粋に応援する気持ちで、頑張ってほしい、いい結果が出るといいと思っていました。

智大が海外留学に興味を持っていることは、早い時期から知っていました。それでも、日本の大学を卒業した後だろうと予想していました。ところが、高校3年生の春に、海外の大学に行きたいと言い出したのです。

そのときは、学部生として行くことでどんなリスクやメリットがあるかまで考えが及びませんでした。ただ親としては、学部生から海外の大学に進学する人は少ないので、大勢の人と同じ道を行った方が安全ではないかと思いました。しかし、「日本の大学の後でもいいのではないか」と言っても、本人は「どうしてもそうしたいのだ」と譲りません。それだけ強い思いがあるのなら仕方ありません。本格的に留学の勉強を始めることを許したものの、学校の授業は疎かにしてはいけないし、これまで頑張ってきた日本の大学受験の勉強もやめないようにと言いました。

自分がやりたい道に進んでほしい

初めの頃は、安定した就職先や人生設計について考えていました。しかし途中から、そういうスケールで子どもたちを縛ってしまうのは可哀そうだと思い始め、それからは、あまりこだわらなくなりました。

難しいことはまったくわかりませんが、今までと同じようにやってくれればいいと思っています。目標を見つけて、チャレンジする。うまくいくときもあれば、うまくいかないときもあって、それを乗り越えていく。順調に進んだとしても、立ち止まったとしても、後戻りしたとしても、そこからまた頑張れる。そのように成長できているという安心感があります。これから何をしたいかは、本人が決めて進んでいけばいいと思っています。

周りのみんなが助けてくれた

私たちは「気持ち」だけでしたが、智大の周りには、もっと具体的に支えになってくださる方々が、大勢いらっしゃいました。少数派の海外受験生にも時間と手間をかけて対応していただけた先生方、親身になってアドバイスをくださった先輩方、学校の行事や勉強に関して協力し合えた友だち、海外留学を目指して一緒に頑張った仲間たち。そのほかにも大勢の方々にお世話になりました。

このように、いつも智大を支えてくれる人たちが周りにいる環境、また、互いに切磋琢磨し成長できる仲間がいる環境、そのような環境を身近に持つことができるのは本当に恵まれたことだと思います。

あとがき

フロンティアスピリットを学ぶ最高学府

明治時代の先達に続け！

ＭＩＴ（当時はBoston Tech）に入学した最初の留学生は日本人でした。今から遡ること１４０年余り。明治政府から派遣された本間英一郎です。１８７１年に入学し、74年にコースＩ（土木工学）の学士号を得て卒業。その後、鉄道技術者として工部省鉄道局や、総武鉄道、北越鉄道、東武鉄道、北海道鉄道などの鉄道建設に携わり、日本の鉄道界の草分けとなりました。

日本からの２人目の留学生は団琢磨です。１８７２年に入学して鉱山学を学び、78年に卒業した後、炭鉱経営で成功して三井財閥の総帥となりました。

近代日本の産業の礎を築いたこうした先人たちに続いて、今も日本の若者たちがMITで刺激を受けながら生き生きと学び、世の中で活躍する人材となって巣立っている——本書を読むと、そうした様子が伝わってきます。私自身も1979年に学部2年生として入学し、博士号をとるまでの7年間をMITで過ごしました。卒業生や現役生のストーリーは時代を超えた共体験であるのと同時に、今の若者たちの多彩な才能ぶりに感服致しました。

UROPから開かれた研究の道筋

とりわけ、MITの変わらぬDNAと進化が同居していると感じたのが、多くの人たちがコメントしているUROPという学部生が研究室で学べる制度です。この制度はもともと、助教授だったマーガレット・マクビッカー先生の働きかけにより、学部生の生活を豊かにし大学院への道筋をつけようとする目的で、私が入学する数年前から始まったと聞いています。

UROPのおかげで、私も学部生のときから本格的な研究に触れることができました。核融合関連の研究室で炭酸ガスレーザーの鏡面研磨から始まり、核融合プラズマ診断装置のフィードバックループ回路の作成なども経験しました。

私が原子力を専攻しようと思ったのは、時代背景が影響しています。当時の日本は、石油ショックに見舞われており、船会社に勤めていた私の父親はタンカー・ビジネスに影響が及んでいたことから、「エネルギー問題を解決しないと、日本はたいへんなことになる」とよくつぶやいていました。そんな折に、本屋で偶然『核融合への挑戦』という本に出会ったのです。著者の吉川庄一さんの略歴にMITで博士号と書かれていたのを見て、自分もMITに行って原子力を勉強しようと決意したのです。慶應大学からMITに移籍するとすぐに、キャンパス内にある原子炉で放射能を測定したり、原子炉の運転を学んだりして、日本の大学と違いずいぶん実践的だなと思ったのを覚えています。

URPOが縁で、同じ研究所の助教授に学士と修士論文の指導教官になっていただきました。学士と修士をダブルディグリーでとるといった自由度も、MITならではだと思います。博士論文のための研究では、米国防省のネットワーク経由でカリフォルニアのローレンス・リバモア国立研究所にあるスーパーコンピュータを使って、プラズマの大規模なコンピュータ・シミュレーションを行いました。おそらく当時は、世界最高のスーパーコンピュータの使用量では日本人では5本の指に入っていたでしょう。20代前半の若者にそのような機会を与えられたのは、UROPを出発点に研究経験を重ね、さまざまな研究者たちと知り合えたからだと思っています。

UROPは今なおMITで学生生活のコアとなっていることは変わらない反面、私の在籍していた当時よりもだいぶ進化しています。受け入れる研究室、研究テーマははるかに幅広く、活動もよりグローバル化していることを感じます。研究テーマごとに大学・研究所と組むようなアライアンスに留まらず、Dラボのように途上国に積極的に赴くプロジェクトがあるのは驚きでした。UROPはいわば種を生む土壌ですが、その裾野が広がり、ますます多様な経験ができるようになっています。

畑違いのことでも恐れないフロンティアスピリット

私は博士号を取得後、日本で企業に就職しました。研究者となって大学で教えることも魅力的でしたが、博士課程のときに研究者としての生活を一通り経験していました。そのうえ、核融合の実証実験には長い時間がかかります。ブレークスルーがあったとしても、それまでの実験成果をまとめて次の実証炉をつくるのに20年はかかり、それを3サイクル回して発電を実用化する頃には、自分は引退しているでしょう。加えて、当時のアメリカはソ連と冷戦状態だったため、レーガン政権下では軍事目的の予算が増え、プラズマ物理学の研究も軍事目的のプロジェクトが多く、国籍による制約がありました。

そうであれば、別のことをやる人生があってもいい。MITでの体験から、自分の限界を探るのが面白くなり、まったく畑違いのことでもできないことはないと考えました。それで、バブル前で活気に満ちていた日本で就職することにしました。

私が入社したリクルートは、コンピュータ・シミュレーションを使ったサービスを提供する新事業を立ち上げたばかりでした。そこに配属された私は、アメリカの国立研究所なみの高性能のコンピュータセンターに投資してもらい、自動車の衝突実験、高層ビル風のシミュレーション、創薬のための分子軌道計算など、いろいろな会社にサービスを提案する仕事を行いました。

同時期にMITのメディアラボが発足したので、初代所長のニコラス・ネグロポンテに会いに行き、リクルートを紹介し一緒に活動できないか相談しました。それを機に、MITの1年間コースにリクルート社員が参加する道筋もできました。リクルートとMITの関係は今も続いているようですが、そういう貢献ができたことを嬉しく思います。

世の中の仕組みも学べた

社会人になってからも、MITで経験したことの価値を再認識することが多かったです。たとえば、当時のMITでは、学生も資金調達を手伝うことがありました。ボランティアとしてですが、卒業生への寄付依頼の電話大会に時々駆り出されたのです。夜、大部屋に集合すると、卒業生のリストが渡され、片っぱしから電話をかけていきます。獲得した金額の多い上位者に賞品が出るなど、競い合って楽しむ要素もある一方で、電話口で「今は失業中なんだ」「息子をＭＩＴに入れてもらえなかったのでもう寄付はやめた」と聞かされ、厳しい現実も目の当たりにしました。こうしたことは、世の中がどういう仕組みで回っているのか、その中でテクノロジーの役割、エンジニアの立ち位置、キャリアパスはどうなっているかを知る機会となりました。

ＭＩＴは象牙の塔ではなく、先生も学生も多様です。その場にいるだけで、幅広く密度の濃い情報が入ってきました。私は専攻科目以外に経済学や経営学の単位も取得しましたが、そのときに教わったポール・クルーグマン教授がノーベル経済学賞を受賞されたり、量子力学を教わったアーネスト・モニッツ教授が米エネルギー庁長官に就任されたりと著名人になられているのも嬉しい限りです。

ＭＩＴのネットワークやネームバリューの力は、卒業して30年経った今も実感しています。学部生は勉強量が物凄く多く厳しさもありますが、それを通り抜ければ、同志という意識が芽生えます。誰にでもチャンスはあり、みんなでフロンティアを広げていく同志だと思えるのです。そして、それは生涯ずっと自分に自信を持てる体験となります。ですから、多くの方にＭＩＴであの濃密な体験を味わっていただきたい。本書がＭＩＴの学生を目指すきっかけになることを願ってやみません。

最後に、巻頭に掲載されたリーフ学長からの一言に、もう一度、触れたいと思います。ＭＩＴは「世界をよりよくするために最も困難な挑戦に立ち向かうというミッションを真剣に考えている特別な場所」であり、共感する若人の参加を歓迎する、と。

２０１４年９月

日本ＭＩＴ会　理事　加藤 幸輔
原子力工学科　学士および修士修了（１９８３年）
原子力工学科　博士修了（１９８６年）

付録

MIT留学の思い出
――「八十五年の回想」より抜粋

本原稿は、戦前に海軍よりMIT留学を命ぜられた故久保田芳雄氏より『日本MIT会七十五年の歩み』の1節にご寄稿いただきました内容を再掲載するものです。

現在まで脈々と受け継がれるMITの不変の教育理念や、当時の日本人の努力、精神が伝わってくる力作です。

久保田　芳雄
元海軍少将
MIT機械工学科　修士修了（1924年）

米国駐在の頃

大正10年6月1日米国駐在（駐在期間3ヶ年）を命ぜられ、同7月上旬香取丸で赴任の途に就いたが、一番困ったことは坊主頭の毛がなかなかのびず、漸くシャトル到着時にやや半人前ぐらいになった。シヤトルよりシカゴを経てワシントンに向って一路鉄路。

ワシントンで当時在武官だった永野大佐に着任の挨拶をし、ニューヨークを経てボストン入りをした。当時ニューヨークには、筆者の候補生時代の主任指導官だった河瀬機関少佐がおられたが、筆者がボストンに来るのが判ったので、その1週間前に「ボストン」に行き下宿を探したりして、いろいろ世話して下さったことに対しては、今でも頭が下がる思いである。一両日後、落ち着き先のボストン郊外のブルックラインの下宿から河瀬さんにボストンを案内して頂き、方々見物して、さて下宿に帰ろうとして地下鉄に乗ったのに、一向に下宿のあるブルックラインに帰れない。仕方なく地下鉄駅から外へ出て見たら、もと乗ったパークストリートだったので、やむなくタクシーで下宿へ帰った珍談もある。

ボストンに着いてから大学へ入るのに約2ヶ月の期間があったので、8月一杯はミス・スミスという高校の先生に英語の個人指導を受けた。その時一番困ったのは「サンキュウ」の「サン」の発音と「ヴェリーグッド」の「ヴ」の発音であった。9月に高校が始まり、大学入学迄の1ヶ月、ミス・スミスの紹介で高校に行き、1年から5年迄の級の英語教育を受けた。驚いたことにブルックラインの高校は米国でも有数の金持の町の学校だったので、教科書は全部「ただ」で貸して呉れるし、鉛筆、手帳、紙等、学用品も無料。授業料も勿論「ただ」であったことである。授業は男女共学で、女生徒が男生徒に窓を「あけろ」、「しめろ」などと命令することや、学校内での授業は全くつめ込み主義でなく、教科書を中心としたディスカッションに終始する方法には感心させられた。また生徒達は男女とも闊達で、元気で仲良いのは羨ましい感をした。筆者は二十代の後半だったのに、身体が小さいので彼氏彼女等は私を同年輩と思い、親切にして呉れた事が非常に印象に残っている。MITに入学する少し前、紐育の海軍監督長をしておられた後藤兼三大佐が、わざわざボストンに来られ、MITの教授や事務長をボストンで一等の「カプレー・プラザ・ホテル」に招待し、筆者を紹介して呉れた事には今でも感謝の念に堪えない。後藤大佐は私より12～13年前に卒業された先輩だったので、学校に知り合いが多かった。

MITでは3年生に該当する課目をとり、「レギュラー・スチューデント」となった。そして2年後、「バチュラー・オブ・サイエンス」の学位を得て「カレッジ・コース」を終わった。米国駐在を命じられた際、「お前は技術の専門家にならなくてもよい。舶用機関学一般及び英語を勉強して来い」と言われたので、主として機械工学と造船及び舶用機関学の講座をとり、英語の方は経済や経営管理方面の講座をとった。いちばん困ったのは英語の読書力が足りないことで、恐らく米学生の三分の一ぐらいの能力しかなかったので、彼等が1時間で準備出来る処を3時間位の時を費して予習せざるを得なかった。筆者は海軍の学校で数学が得意の方ではなく、ただ試験成績はいつも上の部だったが、元来得意でなかったので、一つ不得手のものに力を到そうと考え、MITでは殆ど全部の数学の講座をとったが、好きでないものは仕方がないもので、今では殆ど数学は還納して了った。最も得意だったのは熱力学で、此の方面では断然他を引き離してトップに立っておった。

試験の方法は極めてきびしく、日本などの比でない。筆者など、日本では試験時間制限2時間の問題を大体1時間で消化しておったが、MITでは大体3時間で10題ぐらい出題し、一番できる奴が3時間一杯で仕上げ、あとの不できの生徒は5題とか7題ぐらいで時間が来て了うという按配。なお試験科目も教科書に出ているものは1題もなく皆応用問題なので、全くよく咀嚼した勉強をしないと失敗する例が多かった。

教育の方法も、日本の場合と異なり立派な教科書があり、それを予習して来させ、教室では高校の場合と同じように、つめ込み主義、棒暗記主義を排し、専ら独創力を養うようにしている。その結果、例えば、筆者などは日本式に微積分などを解くのは上手だが、微分方程式を作る段になると彼等にはかなわない。勿論米国内にも数百以上の大学があり、ある大学では金で卒業証書を売ってる処もあると聞いたが、MITに関する限り頗るきびしく生徒を鍛え上げ、独創力ある人物に仕上げておることは敬服に堪えない。

広島長崎に落した原爆もMIT教授の手になり、また目下世界を風靡しているコンピューターも、MITのウィナー教授が発明したものと聞くが、成程という感が深い。

生徒もよく勉強し、学内における軍事教練も徹底したもので、当時、軍国日本と言い乍ら軍事教練反対を叫んでいるのを見たとき、日本の大学の先生方は外国廻りをして、何を見て来たのかわからぬという感がしたことを記憶している。

これを要するにさすが天下の名門校ＭＩＴの生徒は真面目で、努力家で、よく勉強しておったことは確かである。例えば、３昼夜連続の「ボイラーの試験」の際、同学年の生徒に6時間ずつの連続の当直をさせたことがあった。筆者は夜中の零時から午前6時迄の番に当ったが、その試験中サボる奴は殆どなく、計測記録の合間には煙草の煙の分析等をやって騒いでいる程度で、真夜中でも居眠りをしている者などは見受けられなかった。そしてその夜中の当番の者も定刻の授業にはちゃんと全部出席するという真面目さ。渡米前普通科学生生活の時、海軍工廠での実習があり、その時学生の一部にはそれをサボって町に出て「球突」等をやっていたので、その態度に雲泥の差があると痛感した記憶がある。当時これ等若者の意気と、向学心の強いのを見て、米国未だ衰えずの感を深くした。

大正10年にはかの有名なワシントン軍縮会議があり、その会議に参画したお偉方や、その後も時々吾々の先輩がボストンを来訪されることが多く、その都度案内役を務め、独立戦争当時の名所や文豪などの生家等の見学の案内を始め、かの時計のメーカー「ウォルサム会社」なども恐らく二十数回案内した記憶がある。でも3年間の米国滞在中、軍に関係ある「ＧＥ」とか「ウエスチング」とか「スペリー」社等は殆ど見学したことがなく、只一度造船の平賀中将と一緒に、「カムデン」の造船所と製鉄所を1回見学した程度で、全駐在期間中、１枚も工場見学の報告を出したことがなかった。夏休み中などは努めて方々に遊びに行き、アルバイト等は勿論したことがなかった。只一夏中ボストン郊外の片田舎の一軒家に米国人の男女とコッテイジ生活をエンジョイしたことや、当時米国は禁酒国、即ち「ドライ」だったので酒が欲しくなり、「ドライ」でないカナダに行き、「ケベック」「モントリオール」「オタワ」等を飲んでまわり、そのとき偶々セントローレンス河等の船旅を続け、女親と2人の別嬪と知合いになり、その後、彼女等の住居地「ボルチモア」で再会して歓を共にした等の思い出もある。

1923年MITの「カレッジ・コース」を卒業し、「バチュラー・オブ・サイエンス」の学位を得た。海軍省の訓令では「敢て専門学を修むる必要なし」とのことだったが、時間が余ってすることがないので、結局MITの「マスター・コース」をとることとし、機械工学の「レギュラー・コース」の学生となった。熱力学の教授に「ベリー」という先生がおり、今迄2年間も教わったが、またあと1年お世話になることとなり、当時7人の学生が「熱力学コース」に入った。1学期の時試験はしなかったが、「ノート」を見せろという次第。そこでみんな「ノート」を提出したところ、7人のうち4人はFFで完全落第させられ、退校ということになった。試験もせずにそんなシビヤーな事をやるので、随分びっくりしたこともある。

1924年6月、MITの「ポスト・グラジュエイト」のコースを了え、「マスター・オブ・サイエンス」の学位を頂戴した。3年の任期も過ぎたので帰朝命令がすぐ来るものと思い、帰朝の旅行手配を済まし、命令の来るのを待ったが一向に来ない。仕方なくニューヨーク迄出張し、同地監督長より帰朝命令発令方を依頼し、ワシントンに行き、当時の海軍武官・長谷川清大佐からも命令発令方を海軍省に打電して貰った。ワシントンに20日許りおって始めて帰朝命令が来た。そしてサンフランシスコにて後任者・長嶺中尉に中継ぎをするようつけ加えてあった。あとで判ったことだが、海軍省ではボストンでよく勉強したので「ごほうび」に数ヶ月遊ばせてやる積りだったとのこと。然るに、親の心子知らずで、早く帰りたがるのは何故だろうと不思議がっておったそうな。

MITの項を終わるに当り、「テクラッシュ」のことに触れて話を終わりとしょう。真疑の程はわからないが日露戦の直後ロシアのクロパトキン将軍が来日し、江田島の海軍兵学校を訪問し、生徒達の棒倒し競技を見て、その勇ましくファイト溢るるスポーツを見物し、「若し戦前に江田島のこの姿を見ておったら日露戦争の歯止めを計ったものを」と言ったとか。「テクラッシュ」は日本海軍の「棒倒し」に匹敵する勇壮なゲームである。紅白2つに別れ、直径約2メートル、高さ3メートルぐらいの、上の方の部分は円錐形で造られ、その真中に穴があり、その内部から潤滑油のようなものが吹き出した筒を紅白両軍がベトベトになりながら、味方が互いに援け合ってよじ登り、上部の穴から何かとり出して雌雄を決する競技。従って両軍とも破れてもちぎれても惜しくない服装で始めるが、服はビリビリに引き裂かれ、全身油でベトベトとすごいファイトのあるスポーツである。吾々の「棒倒し」に似た勇壮なものであった。勿論筆者は参加者ではなく、近くから眺めておっただけであったが。

MITの教育について

■MIT

アメリカには数百にのぼる大学があり、それぞれ特色のある教育を施しており、その内容についても千差万別であるがMITは最も特色のある優良校であるらしい。何が最も特色かというと、「学生を徹底的に鍛えあげる」にあるようだ。

私は1921年にMITに行き、大体3年生の課目から教わり始めたので、1、2年の内容はよく判らぬが、1、2年生はいわゆるフレッシュマン教育で、基礎をみっちり叩き込むらしい。私は2年生の課目にある数学を教わったが、教室には三方黒板があり、教授は例題を解明し教えるのではなく、宿題を出し、それを生徒自ら解釈するに留め、生徒がわからぬことがあれば、そのところを説明し、時間の余裕があれば、総員を黒板の前に立たせ、即座に問題を出し、それを解かせるという具合である。そしてまた無警告に用紙を配り試験を行う。

私は入校早々で語学がわからず、後の方にすわっていると聞き取りにくいので、教授の目の前に席をとり講義を聞くことにしておった。時々教授から名指しで質問されるが、いつも「アイ・ドント・ノウ」であった。その理由は英語で答えるのが厄介だったからである。ところが教授は私を低脳児と思い込み、ますます名指し質問が集中する。そしていつも「アイ・ドント・ノウ」。

ところが臨時試験があった。そのとき90点以上が級で2人あり、半分以上は落第点だったが、その90点以上の仲間に私が入っておった。そこで、この黄色の男は、低脳児ではなくて、英語がわからぬので「アイ・ドント・ノウ」なのだと判ったらしく、それからは名指しの質問がパッタリなくなった。その次の臨時試験のときも同様だったので、それからは三方黒板の前でいつまでもできないで困っている生徒に対し、「お前あれに教えてやれ」と名指されるというエピソードもあった。一事が万事、かくの如く鍛えあげるのである。

学校には1番とか2番とかいう成績順はなく、各学期毎に受験した課目に次の通りの評価をつけて保証人及び本人にこれを知らせる。

Ｈ　90点以上　オナー・・・・・・（名誉）
Ｃ　75点以上、90点迄　クレジット・・・・・（優等）
Ｐ　55点以上、75点迄　パス・・・・・・・（及第）
Ｆ　40点以上、55点迄　フェイル・・・・・（落第）
ＦＦ　40点未満　ダブルフェイル・・（完全落第）

「Ｆ」を1学期にとった人は2学期の受講はできるが、2学期の終りに1学期の試験をもう一度受け、合格せねば落第となる。この試験をコンデッション・エキザミネーションと言い、1課目につき、5弗の試験費用を徴収される。学校の年次報告をみると、このコンデッション・エキザミネーションで徴収した金額が巨額で、試験が如何にシビヤーかが読みとれる。

1学期に「ＦＦ」をとった人は、2学期のこれに相当する課目は受講できず、1年間休まなければならぬので、大抵はそんな場合退学して、もっとやさしい大学に転校するらしい。

ＭＩＴでは、当時1年の入校生は６００人位だったし、卒業時も大体６００人だったが、1年から4年まで通した人は３００人位で、あとの３００人は途中から転校して来た人である。そこでＭＩＴでは1年から4年まで「Ｆ」を1課目もとらなかった学生をオノラブル・スチューデントと俗称しておったが、私も「Ｆ」だけは貰わずに卒業ができた。

各学年でも必須課目があり、それを通過せねば上級学年に進むことができない規則になっている。これは日本でも同じだろうと思う。

■欠席問題

学業において欠席をすることは非常にやかましい。普通1学級は40人ぐらいで、その授業の方法は課題を出し、次の講義のとき、その回答を出さねばならぬので、出欠は明確に判るが、課目によっては、例えば、ポリチカル・エコノミーとか、ビジネス・アドミニストレイション等の課目などは、大抵600人を一堂に集め講義するが、各学生は（A）10番とか、（C）20番とか、シートが決まっており、教授の授業中、秘書が欠番号をしらべて歩き、何の誰それが欠席しているかチェックするので、無断欠席はすぐ判る仕組である。而して医者の診断書等を添付して事前届出がなく無届け欠席の多い学生は、教授会の議決を経て退学させるという始末である。

■試験（1）

MITほど試験の問題が多く、またやかましい試験をする学校はめずらしいと思う。臨時試験はあるし、学期末試験はあるし、日常のテストはあるし、いわゆる寧日なしだ。期末試験は課目毎に大体3時間、出題数10ぐらいで、一番出来のよい男が3時間で全部の答案ができるような仕組で、余りできのよくない者は10題の内、3、4題ぐらいしかできないうちに時間がきてしまう。斯くして、教授は学生の能力を完全に掌握している。

熱力学の教授で「ベリーさん」という立派な先生がおったが、先生曰く「私は20年以上も熱力学を教え、エントロピーがどうとかやって来たが、いつも30％ぐらいの落第生がある。それで自分の教え方が悪いのかと思い、いろいろ手をかえ品を変えてやってみたが、一向に落第生が減らぬ。そこでこれは私の教え方によるのでなくエントロピーが悪いのだ。然し熱力学は大切な学問であり、これをよく理解して置かぬと将来非常に困る。従って60点ぐらいの「P」でパスしたのでは将来のためによくない。「P」であっても合格させないからそのつもりでおって貰いたい。別段、落第したって、昔から30％ぐらいの落第者があるのだから気に病むな」などとしゃあしゃあと話す先生であった。ところで私は「ベリー先生」が大好きで、いつも「H」ばかり貰っており、鼻が高く、先生の信用は格別であった。

■教授の権威

他の大学のことは知らないが、ＭＩＴの教授の権威はたいしたものだと思った。或るとき、政府の役人（コッパ役人と思う）がＭＩＴに来て、私に用事があるからと面会を申し込んできた。何でも日本語の書類を持って来て、その内容がわからぬから、日本人に見て貰うんだとのこと。多分スパイか何かの手紙と思っていたらしく、非常に横柄に面会を申し込んで来たらしい。然し教授は「目下授業中だから一切いかん」とその役人を追っ払ったことがあった。

また応用力学の講義のとき、後の方の生徒が多少オシャベリをやっておったところ、「フーラー」という教授は声を大にして、「何故ガヤガヤしゃべっているのか、生徒には静かに講義を聞く権利がある。それを邪魔するなら、つまみ出すぞ」と叱り、教室内が急に静かになったことなどもあった。

■試験 (2)

既に書いた通り、MITでは徹底的に試験をやり生徒の鍛錬をする。臨時試験、期末試験、学年試験等。然も教科書にある試験問題など1つもなく、みな応用問題である。日本では教科書で教わった問題がよく試験問題に出るので、いわゆる「山をかける」ことがよくあったが、そんなことは殆ど不可能である。

なお教科書はよくできておって、1チャプター毎に20題位の試験項目があった。MITでは、課目毎に1時間の授業に1時間とか2時間とかのプレパレイション、即ち準備時間の規定があって、教室に入る前に家庭または下宿で、定められた準備時間の勉強をせねばならぬ。そして、先ほどの20題近くの問題の中、次の授業までに1、6、11、16、20の番号の宿題をやってこいと言われる。そしてその問題が解けても解けないでも、次の授業の始めにその答案を出さねばならぬ。また次の年の生徒には2、7、12、17の問題をやってこいと言う。かくして5年目には全部の問題が完了するので、5年後には教科書全部が改訂され、生徒は前年の修了者から答案を借りても、すぐ役に立たぬように仕組まれている。教科書は担当教授が執筆するので、教授達にとっても教科書を改編することは収入の面で「恵まれる」ことになるのであろう。

教授達は右のような仕組で、授業中はディスカッションが主となるので、いつ誰からどんな質問が出るか判らぬので、本気で勉強を続けなければならない。生徒から思いがけぬ質問が出たときは、「この次までに調べてきて教えてやる」とはっきり言う。教授たるもの、安閑とはできぬわけ。日本では10年1日の如き原稿で、学生に筆記をさせ、さて質問などという寸隙を与えぬと聞くが、日本の先生方は楽なものと思った。当時、日本では試験廃止などの学生運動がはやっていると聞いておったが、MＩＴでは以上の通りで、試験また試験であった。一般に学生は独創力に富み、例えば微積分の解き方は、そのアンサーではポケットブックを利用し、教室では、如何にして微分方程式を作るかというような訓練をしており、羨しいと思った。

私の尊敬する友人で吉川玉吉という、蔵前の高等工業学校の先生がおった。彼は豊島師範を出て、蔵前の教員養成所に入り、そこを卒業すると同時にその高等工業の先生に抜擢された程の偉才で、文部省から派遣されてＭＩＴに来た。始めは応用化学の聴講生のつもりでＭＩＴに通っておったが、学校の生徒鍛錬振りを見て、「教えることは、その内容があまりむづかしいとは思わぬが、教授より与えられる数多くの宿題に当ってみると、なかなか思うように解けない」と悟り、聴講生をやめて、マスター・コースのレギュラー・コースに入り向う鉢巻で他生徒と同じように鍛え上げられ、見事にマスター・オブ・サイエンスの学位をとり、独逸に渡りそこでも同じように勉強して帰朝した。誠に偉い人だったが、帰朝後悪性盲腸のため、若くして世を去った。

日本に始めてケミカル・エンジニアリング（化学工業）を移入したのは、その吉川先生である。

■課外活動

ＭＩＴでは勉強ばかりさせられるためか、野球もフットボールもさっぱり振わない。彼等学生は、土曜の夕方と日曜日には大いにリラックスして羽をのばすが、週の大半は向う鉢巻で毎日プレパレイションに追い廻されている。
ここは男女共学であっても、女子学生は誠に少なく、当時全校で40名ぐらいで、主として化学方面の勉強をしておったらしい。従って校内での男女の交際は少なく、男子学生は校外で女性と土、日を楽しんでおったようである。

（原文まま）

謝辞

本書の制作に際して、現在ＭＩＴで日夜楽しくも厳しい学びの生活をしている在校生、ＭＩＴでの経験を活かして活躍されている卒業生、ＭＩＴで活躍されている現職の先生方にＭＩＴの素晴らしさを語っていただきました。また、学生のご父兄にもＭＩＴへ子どもを送り出した経緯やお考えを伺いました。いずれも長時間に及ぶインタビューにもかかわらず、快くご協力いただいたことに深く感謝を申し上げます。

本書の趣旨に賛同していただいた日本ＭＩＴ会員の方々には資金面でご支援いただきました。お名前を出せない方々も含めて、制作にご協力いただいたすべての方々に感謝の意をお伝え致します。

本書をまとめるにあたっては、ファーストプレスの上坂伸一さん、中島万寿代さん、渡部典子さんに貴重なアドバイスをいただきました。この場を借りてお礼申し上げます。

日本MIT会100周年記念出版プロジェクト 寄附者一覧（2014年）

●特別賛助寄附会員

安達 保
江原 伸好
加藤 幸輔
河本 次郎
長島 雅則
長瀬 正人
中村 慎市郎
西田 忠康
藤崎 博也
M. Mitarai
明道 守弘
㈱リガク

●賛助寄附会員

井上 栄次
上原 治・佐知
江端 貴子
K. S.
杉田 茂樹
関口 康
武田 稔
堀 幸夫
本間 良輔
山根 克己
横溝 陽一
他 匿名 1名

●寄附会員

池田 暁彦
A. I.
石濱 正男
猪口 孝
王 孝 (aka Jason Wong)
片岳 俊興
勝間田 勇一
河端 瑞貴
児玉 純一
㈱最新レーザ技術研究センター
齋藤 茂樹
C. S.
関野 陽
種野 晴夫
野間 毅
林 健生
坂野 且典
藤木 隆三
水野 瑛己
三井 健次
山田 光重
山並 裕尚
他 匿名 3名

［著者紹介］

日本MIT会

MITに在籍した学部卒業生に加え、大学院における修士、博士号の取得者、教職者、ショートプログラム参加者からなりたっており、その会員数は1,900名と米国に次ぐ大きな組織となっています。MITにおいてさまざまな経験をした人たちが交流を深め、MITとの繋がりを持ち続けながら社会に広く貢献することを目的とした組織です。ボランティア精神旺盛な理事、監事、評議員と事務局のメンバーで運営され、100年の歴史を有しています。

目指せMIT
これからの日本のために

2015年1月5日　第1刷発行

編　者　日本MIT会

発行者　上坂 伸一

発行所　株式会社ファーストプレス
〒151-0053 東京都渋谷区代々木 1-21-16-7F
TEL 03-5302-2501(代表)
http://www.firstpress.co.jp

印刷・製本　高千穂印刷株式会社
装丁・DTP　株式会社クリエイティブ・コンセプト

ISBN 978-4-904336-84-7
